対馬10
五島1
平戸6
平戸新田1
長崎県
唐津6
佐賀県
小城7
佐賀36
蓮池5
鹿島2
大村3
島原7
三池1
福岡47
福岡県
柳河12
久留米21
小倉新田1
小倉15
秋月5
清末1
長府5
長州37
山口県
中津10
日出2
杵築3
森1
大分県
府内2
臼杵5
佐伯2
岡7
熊本新田4
熊本54
熊本県
宇土3
人吉2
宮崎県
佐土原3
飫肥5
薩摩77
鹿児島県
津和野4
浜田6
島根県
徳山4
岩国6
広島43
広島新田3
広島県
松江19
広瀬3
母里1
鳥取県
福山11
今治4
松山15
小松1
西条3
大洲6
新谷1
吉田3
宇和島10
愛媛県
高知県
土佐24
土佐新田1
多度津1
丸亀5
香川県
高松12
徳島県
徳島26
新見2
鴨方3
松山5
岡山新田2
浅尾1
岡田1
足守3
庭瀬2
勝山2
岡山32
津山10
岡山県
鹿野3
若桜2
鳥取33
三日月2
赤穂2
山崎1
龍野5
三草1
安志1
林田1
岸和田5
豊岡2
柏原2
出石3
篠山6
姫路15
小野1
伯太1
三田4
明石8
狭山1
兵庫県
紀州56
和歌山県
大阪府
田辺4

シリーズ藩物語

# 広島藩

久下実……著

現代書館

プロローグ

# 広島藩の概要

関ヶ原の合戦の後、毛利《もうり》氏に代わり安芸《あき》・備後《びんご》の地に福島正則《ふくしままさのり》が入封したのが広島藩の始まりである。その後、広島に入った浅野《あさの》氏は、安芸国と備後国の一部の大名として、その後廃藩置県まで続いた。二代藩主光晟《みつあきら》が将軍家光の従兄弟に当たることからその後浅野氏は公式には松平氏を名乗った。西日本には国持大名が多いが、浅野氏の広島藩はその中でも表高四十二万石という全国有数の大藩である。藩域は、南は古くから交通交易が盛んな瀬戸内海に面し、北は森林資源が豊かで製鉄も盛んな中国山地が控える地味豊かで広大な範囲であった。時代が進むに連れ、苦しい藩財政を好転させるため、藩は領内各地に特産物の生産を奨励し、それらを専売とした。また、米などの年貢の確実な徴収を目指して領民への負担を強めた結果、享保三年（一七一八）に領民は大規模な一揆を起こす。その後、一時、財政状況は改善されるが、江戸時代後期に飢饉などに見舞われ、財政状況は再び悪化、藩政も停滞する中、ペリー来航以降の幕末の動乱期を迎える。西に長州藩と境を接する広島藩は、幕末

## 藩という公国

**江戸時代、日本には千に近い独立公国があった**

江戸時代。徳川将軍家の下に、全国に三百諸侯《しょこう》★の大名家があった。ほかに寺領や社領、知行所《ちぎょうしょ》★をもつ旗本領《はたもとりょう》などを加えると数え切れないほどの独立公国があった。そのうち諸侯を何々家《け》家中《かちゅう》と称していた。家中は主君を中心に家臣が忠誠を誓い、強い連帯感で結びついていた。家臣の下には足軽《あしがる》層《そう》★がおり、全体の軍事力の維持と領民の統制をしていたのである。その家中を藩と後世の史家は呼んだ。

江戸時代に何々藩と公称することはまれで、明治以降の使用が多い。それは近代からみた江戸時代の大名の領域や支配機構を総称する歴史用語として使われた。その独立公国たる藩にはそれぞれ個性的な藩風《はんぷう》と自立した政治・経済・文化があった。幕藩体制とは歴史学者伊東多三郎《いとうたさぶろう》★氏の視点だが、まさに将軍家の諸侯の統制と各藩の地方分権が巧く組み合わされていた、連邦でもない奇妙な封建的国家体制であった。

**今日に生き続ける藩意識**

明治維新から百五十年以上経っているのに、今

の動乱の中で、重要な役割を果たしていく。

その一方、とくに江戸時代後期以降、学問では頼家★などを輩出し、城下や町方を中心に儒学や医学などが盛んになる。また、村（在方）でも諸産業が発展し、学問の拠点となる地域も出現した。

本書の構成について、一般に「広島藩」といえば浅野家の広島藩を指すことが多いので、本書では、浅野入封以前を第一章にまとめた。江戸時代以前の毛利氏の時代を広島藩前史とし、福島正則が統治した時期を広島藩の成立期と捉えた。そして、浅野氏の時代のうち入封からの約百年間を第二章とした。この時期、三次《みよし》には浅野家の支藩である三次藩が存在したが、同藩もここで紹介している。第三章で「名君」とも賞された第五代藩主浅野吉長《よしなが》の在任期間四十四年（おおむね十八世紀前半）を、続く第四章で十八世紀後半から十九世紀前半の八十年の江戸時代後期に当たる時代を扱う。学問など文化的な内容もここでまとめてとりあげた。第五章では一旦政治から離れ、広島藩領の各地で発展をみた産業や特産品の紹介をする。最後にペリー来航を契機とする幕末期について藩政や人々の様子を中央の政治の動向とも照らしながら述べ、さらに明治の初頭までを第六章とした。

でも日本人に藩意識があるのはなぜだろうか。明治四年（一八七一）七月、明治新政府は廃藩置県《はいはんちけん》★を断行した。県を置いて、支配機構を変革し、今までの藩意識を改めようとしたのである。ところが、今でも、「あの人は薩摩藩の出身だ」とか、「我らは会津藩の出身だ」と言う。それは侍出身だけでなく、藩領出身も指しており、藩意識が県民意識をうわまわっているところさえある。むしろ、今でも藩対抗の意識が地方の歴史文化を動かしている。そう考えると、江戸時代に育まれた藩民意識が現代人にどのような影響を与え続けているのかを考える必要があるだろう。それは地方に住む人々の運命共同体としての藩の理性が今でも生きている証拠ではないかと思う。

藩の理性は、藩風とか、藩是《はんぜ》とか、ひいては藩主の家風ともいうべき家訓などで表されていた。

〔稲川明雄（本シリーズ『長岡藩』筆者）〕

**諸侯**▼江戸時代の大名。
**知行所**▼江戸時代の旗本が知行として与えられた土地。
**足軽層**▼足軽・中間・小者など。
**伊東多三郎**▼近世藩政史研究家。東京大学史料編纂所教授を務めた。
**廃藩置県**▼幕藩体制を解体する明治政府の政治改革。廃藩により全国は三府三〇二県となった。同年末には統廃合により三府七二県となった。

▶頼家とは、春水、春風、杏坪、山陽など学者を輩出した一族。

シリーズ藩物語

# 広島藩

――目次

エピローグ



**これも広島**

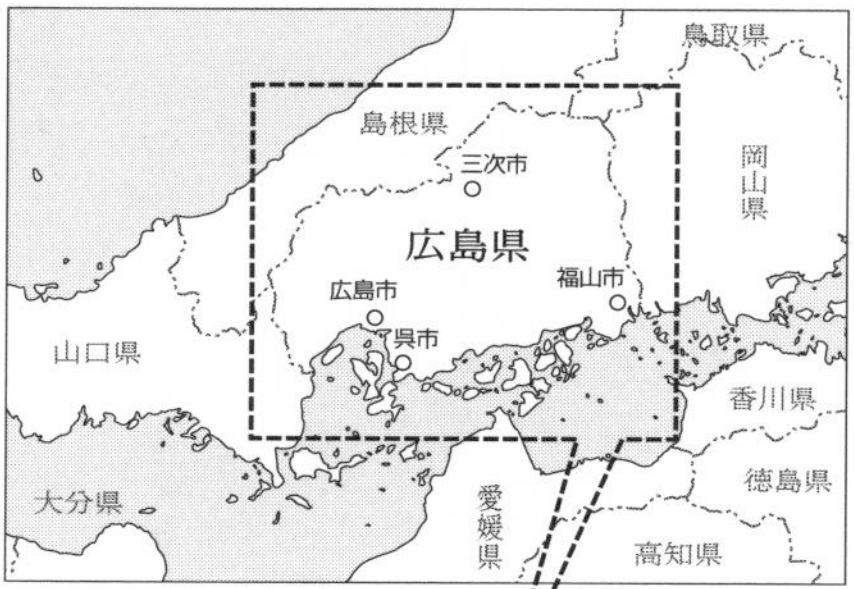


## 広島藩等の領域と主要地名

製図 / 曽根田栄夫

# 第一章 毛利氏・福島氏の時代と広島藩の成立

豊臣政権下の大大名毛利氏を受け継ぎ、福島正則によって広島藩の基盤が作られた。

広島城天守

# ◆1 毛利氏の時代と広島の誕生

戦国時代の安芸国吉田の毛利氏が元就の時に頭角を現し、中国地方を支配する戦国大名に成長した。孫の輝元は豊臣秀吉の臣下に下り、豊臣政権を支える一翼となった。山間地の吉田から瀬戸内海に面した太田川河口に近世城郭と城下町の建設に着手した。「広島」の誕生である。

## 戦国時代の安芸国と毛利氏

戦国時代、安芸《あき》国吉田の小領主から出発し、中国地方を領有する戦国大名となった毛利元就《もうりもとなり》は、今でも地元を代表する戦国武将として慕われている。江戸時代の広島藩★の話を進める前に、まずは毛利氏と広島について触れておきたい。

毛利氏は、鎌倉時代中頃に安芸国吉田荘の地頭★となり、室町時代初めに本拠を吉田に移して国人《こくじん》領主★に成長した。毛利元就が次第に頭角を現し、山陰の尼子《あまご》氏、周防《すおう》の陶晴賢《すえはるかた》を滅ぼすなど毛利家の家督相続後五十年間で、中国地方をほぼ支配下に治めた。元就を継いだ孫の輝元《てるもと》は、羽柴《はしば》（豊臣）秀吉軍と交戦するが、天正十年（一五八二）の本能寺の変後に和睦を結び、天正十三年には、秀吉から中国地方の大半の、百十二万石の大名として地位が認められた。さらに叔父の小早川《こばやかわ》

**▼広島藩**
芸藩と呼ばれることもあるが、本シリーズでの統一を計るため広島藩とした。

**▼地頭**
鎌倉時代や室町時代に、荘園などに配置され徴税や治安維持を担った職。

**▼国人領主**
南北朝期から室町時代に、在地を支配した領主。地頭をルーツに持つ者もおり、毛利氏はその典型例。

隆景《たかかげ》とともに豊臣政権の五大老を務め政権の重鎮となった。

## 広島城築城と「広島」誕生

毛利輝元は天正十六年（一五八八）上洛し、当時最先端の近世城郭であった聚《じゅ》楽第《らくてい》や大坂城を見て、帰国後、海上交通と陸上交通の結節点である太田川河口の五箇《ごか》村に、新たな拠点となる近世城郭と城下町の建設に着手した。城の縄張《なわばり》（レイアウト）は聚楽第を手本にしたともいわれる。「広島」と名付けられた城下町は、城郭と武家地などが八割を超える一方で、町人地は一割以下の、武家屋敷主体の町割りであった。この広島の町がこの後、江戸時代を通じて広島藩の政治・経済の中心として発展していくことになる。

なお、毛利氏時代の広島城は不明な点が多いが、近年の発掘調査などで少しずつその概要がわかってきた。とくに、平成二十一年（二〇〇九）に発見された雌雄一対の金箔押鯱《しゃちがわら》瓦と鬼板瓦が注目されていて、これらは天守ではなく門や櫓《やぐら》に用いられたと推定されている。豊臣政権の拠点となる城郭や、政権を支えた有力大名の居城では金箔瓦の出土例が相次いでおり、本例も当時の広島城の様子を想像させる発見で、今後の調査研究が望まれる。

出土した広島城の金箔鯱瓦・金箔鬼板瓦
（広島市蔵　広島城・写真提供）

# ②福島正則の統治と広島藩の成立

関ヶ原の戦いの後、毛利氏は、防長二国に減封され、広島には芸備二国の太守として福島正則が入封した。福島正則は領内一円に検地を行い、新たな地域共同体である「村」を創出、また城下町広島を拡張して、領内の街道・海駅を整備した。これらにより、近世広島藩の基盤が整えられた。

## 関ヶ原の戦いと福島氏入封

豊臣秀吉死後の政権の主導権を巡る対立から慶長五年（一六〇〇）九月、関ヶ原の戦いが起こった。五奉行の一人石田三成《いしだみつなり》が主導する西軍の大将として大坂城にいた毛利輝元は、戦後、東軍の大将で五大老の筆頭であった徳川家康によって防長二国に削減・移封となり、広島城を明け渡した。代わりに広島城には、安芸・備後二国四十万石余★の大大名として、清洲《きよす》城主で二十四万石の大名であった福《ふく》島正則《しままさのり》が大幅に加増され入封した。戦後の論功行賞において家康は、関ヶ原の戦いで東軍に付いた豊臣恩顧の大名に対して厚遇しており、徳川氏への忠誠を期待したものといわれる。福島正則についても石高がほぼ倍増しており、その一環と捉えることができる。この福島氏の領地は、現在の広島県域とほぼ重なり、今の

▼「四十万石余」について
毛利時代の検地に基づく数値。四十九（または五十）万石が使用されることも多いが、これは元和三年（一六一七）に将軍徳川秀忠が福島正則に与えた領知判物の四十九万八千石余は、後述する福島検地の結果を根拠としたもの。

この地域が一つの行政単位となったのは、歴史上これが初めてであった。

「初代」広島藩主福島正則は、加藤清正《かとうきよまさ》らと並び代表的な豊臣秀吉恩顧の武将で「賤ヶ岳《しずがたけ》の七本槍」として武名も高い。秀吉の天下統一戦争で頭角を現した正則は、有名な桶狭間《おけはざま》の戦いの翌年、永禄四年（一五六一）に尾張国に生まれた。父親または母親が秀吉の親類縁者との説もあるが定かではない。

初陣は十八歳で天正六年（一五七八）の秀吉の中国攻めであった。本能寺の変の後、秀吉が明智光秀《あけちみつひで》を討った山崎の合戦や、信長の後継問題で対立した柴田勝《しばたかつ》家《いえ》を滅ぼした賤ヶ岳の戦い、秀吉と家康が対立した小牧《こまき》・長久手《ながくて》の戦いで次々に戦功を上げ、天正十五年、秀吉の九州攻めののち、伊《い》予《よ》東部の今治を中心に十一万石の大名となった。文禄四年（一五九五）、尾張清洲城主となり二十四万石を領し、関ヶ原では東軍の先鋒として活躍、清洲城を東軍の拠点として提供するなど、正則は東軍勝利に大きく貢献した。

### 広島藩福島家略系図

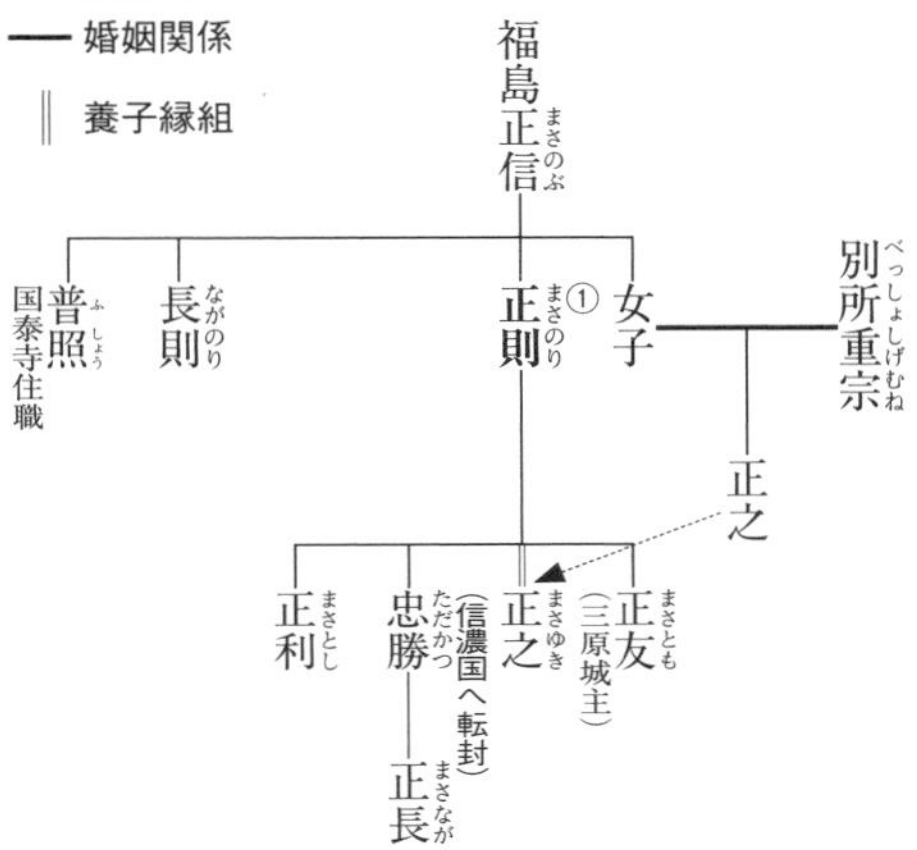

福島正則肖像写し
（東京大学史料編纂所蔵）

一方で福島正則は、家康の戦後処理に対して、毛利家の存続に尽力し、島津家の所領安堵や宇喜多秀家《うきたひでいえ》の助命嘆願をしたとも伝えられる。戦後の豊臣系の大名の中で、正則の存在感は大きかったことがうかがえる。

福島氏は慶長五年十一月に毛利氏側から広島城を明け渡され、正則は翌年三月に海路広島城へ入城した。正則が大名として瀬戸内へ入るのは、六年ぶりであった。正則の芸備二国への移封については、正則が毛利家存続に貢献したこともあり、徳川氏は毛利氏監視役を担わせるには正則が適任と判断したのかも知れない。配置の妙が感じられるが、福島正則からしてみれば、大幅に加増され全国有数の大名になったとはいえ、その引き替えに、自らの出身地で、政治・経済の先進地でもあった尾張から離され、毛利氏の故地で住民の抵抗も想定しうる土地への移封となり必ずしも歓迎すべきことばかりではなかったと想像される。

## 福島氏の領国統治①福島検地と近世「村」の成立

広島藩の歴史を見渡した時、多くの研究者が福島正則の時代を「広島藩の成立期」と位置付けている。それは、福島正則が広島入国の翌年慶長七年（一六〇二）から領内一円に実施した検地（福島検地）と刀狩が大きな理由である。これによって兵農分離、一地一作人の原則が徹底され、統治の単位として「村」が成立した。これは、この地域の「近世化」といえるものでもあった。

豊臣政権下の毛利氏の時代にも検地は二度実施されていたが、太閤検地の目的からすると、不徹底なものであった。そのため、正則は自らの手で再度領内一円の把握に乗り出した。秀吉子飼の家臣であった正則は、伊予今治《いよいまばり》の大名時代に現地で検地を行ったり、清洲でも太閤検地を実施したりした経験から太閤検地が持つ統治上の意義をよく理解していた。

ところで、近世的な大名は、家臣団に対して中世以来彼らが維持してきた本領から引き離して、新たに縁故のない地に所領を与えた。それによって長く続いた代々の地縁関係を解消させ、主君と家臣団との新たな関係（家臣団の官僚化）を構築することで、強力な主導権の確立を目指したのである。ところが、近隣の国人《こくじん》領主たちと協力しながら戦国大名に成長した毛利氏は、領国経営において、有力な家臣には本領の支配を認めており、中世的な主従関係を残さざるを得なかった。毛利氏の検地が太閤検地に比べ不徹底だったのは、毛利氏の領国支配が中世的な性格を払拭できなかったことも一因とみられる。毛利氏の時代には、備後国で一部に在地領主制を否定する動きもみられたものの、未だに在地の国人領主が存続し、兵農分離も不徹底な上、寺社の権勢も強いなど中世的な色合いを残していた。

新領主福島氏による検地は、毛利時代の中世的な支配関係を乗り越え、近世的な身分制や土地所有と貢納関係を確立するものであったといえる。

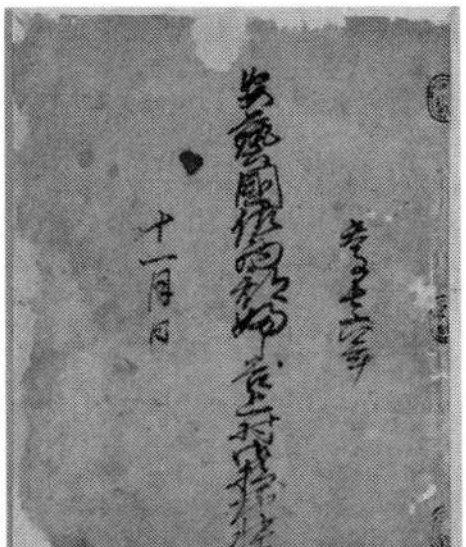
慶長6年安芸国佐西郡伏谷上村検地帳（広島城蔵）

福島検地の検地帳は一二郡一〇〇カ村分が現存するが、そのうち佐西《さ さい》郡玖島《く じま》村（現廿日市市玖島）では、毛利氏時代の村高五百十四石に対し、福島検地では千二百石で、石高は二倍以上に増加していることがわかる。福島検地では、その前年に実施された毛利氏の検地では明確でなかった田畑ごとの等級も確定させ、これにより田畑の面積と等級から収穫量が石高で算出されて、検地帳は年貢の基本情報として、村と藩とで共有された。また、毛利時代の同地域の検地帳では、中世以来の名田《みょうでん》★を単位として、記載される年貢貢納者は地域の有力農民であり、実際の耕作者ではなかったが、福島検地では、田畑ごとに耕作者を記した一地一作人の原則が徹底された。この検地帳によって、藩は耕作者（＝年貢貢納者）を直接把握することができた。

また、領内には、毛利氏の防長移封に同行せず帰農した旧毛利家家臣や、そのほかの在地の有力者・地侍層もいた。彼らに対しては、原則は帰農であるが、その家の由緒を提出させ吟味した上で、ある者は福島氏の家臣とし、また別の者は郷士《ごう し》身分を認めた上で土地所有も許すなど、柔軟な対応で臨んでいる。現地での検分を行わず、自己申告（指出《さしだし》）で済ませるケースもあった。これらによって検地では大きな混乱はなく、領内一円の把握と兵農分離を推し進めた。豊臣大名として培った正則の統治者としての経験値と力量がみてとれる。

福島検地の結果、先述のように「村」が確立された。毛利時代の検地帳では村

▼名田
平安時代後期から中世にかけての荘園などの土地制度の基本単位。その土地の経営者であり、納税責任者が名主（みょうしゅ）であった。

▼近世の村の単位
この単位が基本になって江戸時代を通じて地方の統治が行われた。明治以後に行われる市町村の合併や再編によって誕生した自治体は、基本的に近世の「村」がまとまったもので、その意味では現代にもつながっているともいえる。

のほか荘や郷なども単位とされていたが、福島検地では、当時の人々の生産と生活の中で、地域共同体として発達してきた領域を単位として、村々の境界を確定し、「村」が領主支配の行政単位として制度化された。福島検地での村の数ははっきりしないが、福島氏が浅野・水野両氏に提出した引継ぎの資料（「郷村帳」）によれば、安芸国四二四村、備後国四七八村で計九〇二村となっている。★

ところで、この「郷村帳」から、村の石高がわかる。百石から五百石が全体の半分で、五百石から千石の村が三割、二千石以上は安芸国で一三村、備後国で八村あり、百石以下は安芸国で二九村、備後国で二八村あった。

## 福島氏の領国統治②広島城と六支城体制

福島正則が広島城に入城した際、広島城はほぼ完成していたが、三の丸は石垣のみで櫓《やぐら》や塀はなかった。福島正則は入城後に大がかりな増改築を行い、三の丸や外堀、堤防の整備を進めた。御門櫓《ごもんやぐら》、二重櫓、平櫓など八〇余の建物を築き、それらを漆籠《うるしご》めの白壁でつないで城の外観を整えたといわれる。

また、正則は入国後領内を巡視して、国境や交通の要衝六カ所に城を構えて一族や重臣を配置した。安芸国では、周防国との国境の小方《おがた》（現大竹市）に亀居《かめい》城を築城した。城主は「福島伯耆守」と伝えるが、判然としない。備後国には、三

現在の亀居城跡（大竹市）

「小方御城山図」
（和田家文書　広島県立文書館蔵・写真提供）

原、三次《みよし》、東城《とうじょう》、神辺《かんなべ》、鞆《とも》の各地に城を構え軍事・統治の拠点とした。

三原城は小早川隆景が築城した海に面した縄張の海城であった。城主は正則の養子の正之《まさゆき》をあてた。出雲《いずも》方面への交通の要地である三次には尾関正勝《おぜきまさかつ》が配置され、小丸積山《こまるつみやま》に城を築き拠点とした（尾関山城）。

また、美作方面に通じる東城の守りには長尾隼人《ながおはやと》が任じられた。長尾は五品《ごほんが》嶽《たけ》城（五本竹城）に入ったが、この城は中世この地域の領主宮《みや》氏の山城であった。現在、山頂部の本丸には天守台の石垣が残っており、長尾の入城に際して大規模に修築したものと考えられている。長尾はこの城を「世直し城」と名付けた。

五本嶽城と神辺城に行くと麓に城に並行する川が流れ、その間に街道や方形に整然と区画された古い街並に残るなど、立地に共通点が多いことに気づく。

そして、山陽道の、備中との国境に位置する神辺には正則の信任が最も厚かったといわれる福島正澄を配した。神辺は古来、備後南部の政治経済の中心地のひとつであり、戦国時代には山名氏や大内氏がこの地を争い、豊臣大名となった後の毛利輝元も、この城に元就の八男毛利元康《もとやす》を配置し直轄地としていた。

鞆は古来、瀬戸内海の海上交通上、潮待ちの港として知られており、中世には港町が形成されていた。織田信長に京を追われた室町幕府第十五代将軍足利義昭《あしかがよしあき》は、一時期この地を拠点として政治活動を行い、毛利輝元は尾道《おのみち》などとともに直轄地とした要地であったが、福島正則はこの海運の要衝の港町にも三重の天守以

鞆城（現在の福山市鞆の浦歴史民俗資料館）

尾関山城跡（手前の低い山）（三次市）

下、門・櫓などを備えた新城を築く。城郭は港町を望む小高い丘に造られ、家老の大崎長行《おおさきながゆき》（玄蕃《げんば》）を城代とした。

不慣れな土地での領国統治のためとはいえ、このような六支城体制は、幕府から警戒される一因にもなった。家康は西国の大名がこの時期、あちこちで城普《ふ》請《しん》★をしていることに不快感を示したといわれる。福島正則が、慶長十二年（一六〇七）にほぼ完成した小方の亀居城を、家康の同意を得て同十四年から十六年頃に自らの手で破却したのは、幕府に対する恭順の意を示すためと考えられている。この後は、小方を除く五支城体制で領国の統治を進めることとしたが、元和元年（一六一五）に幕府が出したいわゆる一国一城令によって五支城すべてが破却の対象となり、実際に三原城を除いて天守や櫓、塀は破却された。ただし、城は破却され軍事拠点としては解体されたが、石垣はそのまま残され、引き続き重臣たちは屋敷に住んで管轄する地域を統治する拠点として機能していた。

## 福島氏の領国統治③城下・街道の整備

福島正則は、城下町の整備にも力を注いだ。その特徴は、城下への街道の引き入れ・整備、城下町の拡張、武家地の縮小と町人地の拡大、寺町設置などである。

現在、東西の国道二号線が通る広島の街は、北に向かう国道五十四号線の起点

▼城普請
ここでは築城の際の土木工事の意。厳密には、普請には城の破却のための土木工事も含まれる。

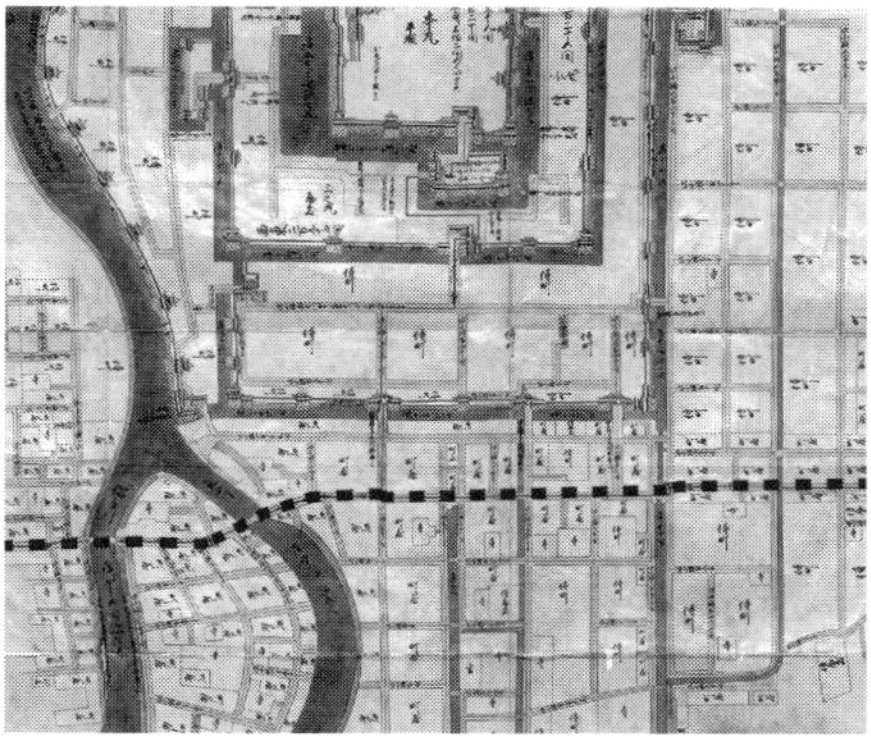

**安芸国広島城所絵図**（部分）（国立公文書館蔵）
西国街道（点線〈著者加筆〉中央部分は現在の本通）が城の南を通っている。

でもあり可部《かべ》から吉田、三次を経て島根県の松江に通じている。広島城下をこのような街道の結節点となるように本格的に整備したのが福島正則であった。

これは、城下の商工業の発展を意図したもので、町人地も城下の街道沿いに移した。城下は東西南北に拡張され、北は白島、東は猿猴《えんこう》川の左岸、西は天満《てんま》橋付近、南は新開の干拓によって拡張した。福島氏の家臣団は毛利氏よりも小規模だったため、毛利時代の武家地を縮小して町人地を拡大した。そしてそれまで城の北側を通っていた西国街道を、かつて武家地だった城の南に移し、この街道沿いを町人地として城下への商工業者の集住を促した。現在も広島の目抜き通りである本通商店街は、この時にできた西国街道の一部である。

また、浄土真宗《じょうどしんしゅう》の寺院を城の西側に集め寺町を形成した。現在も寺町として基本的に継承されているが、この寺町創設は、有事の軍事的な意義を持つ城下整備の一環であったとされる。そのほか、西国街道からさらに南に国泰寺《こくたいじ》など禅宗系の寺院を集めた。このように福島正則の城下町広島のデザインは、近世・近代と発展し現在まで続く「商都広島」の原型を作り出すものであった。

## 福島氏の領国統治④海駅の整備

豊臣秀吉は朝鮮出兵の際に瀬戸内海の海上輸送ルートを整え、徳川幕府もこ

▼本陣
幕府役人・大名などの公的な宿泊施設。三之瀬の本陣は朝鮮通信使も利用した。

▼番所
船舶の監視や税の徴収を行った施設。

▼雁木
船着場・桟橋（さんばし）の階段。

れを引き継いだ。重要な中継港には本陣★や番所★などの公的な施設が置かれ、「海《かい》駅《えき》」として整備された。安芸国では蒲刈《かまがり》、備後国では鞆が該当した。

蒲刈には中世以来、上蒲刈島の向浦《むかい》と海峡を挟んだ対岸の下蒲刈の三之瀬《さんのせ》が港として栄えていた。毛利時代に向浦にあった海上番所は、福島正則の時に三之瀬に移された。三之瀬には、本陣など公的な施設が整備されるとともに、一一段で長さ二三メートルの雁木《がんぎ》★も築造された。現在では上にさらに三段が積み上げられ、長さは往時の約半分となるなど規模に違いがあるが、福島正則にちなんで今でも「福島雁木」と呼ばれている。

下蒲刈島の三之瀬が公的な港として整備された結果、こののち三之瀬は、西国大名や朝鮮通信使が立ち寄る港となった。また、諸国の廻船もこの港を利用し、三之瀬は広島藩を代表する港のひとつとなった。

もう一方の鞆は、先述のとおり、鞆城を築城するなど、福島正則が地方統治の拠点とした地でもあった。三之瀬と同様、公的な使節や民間の廻船が往来したのはもちろんだが、福島時代の鞆港ではイギリスとの貿易も行われていた。

イギリスは江戸時代初めに平戸に商館を構え、日本と貿易を行っていた。イギリス商館長リチャード・コックスの日記によれば、彼が元和二年（一六一六）十一月二十七日、大坂からの帰りに鞆に寄港している。目的は、事前に依頼していた鉄六万斤（三六トン）を購入することで、これはシャム（タイ）国王からの注文品

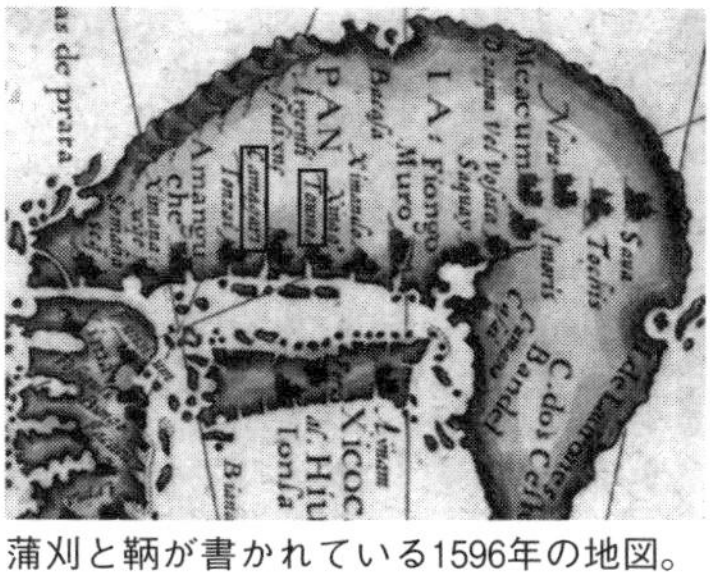

蒲刈と鞆が書かれている1596年の地図。
（ラングレン東アジア図（部分、一部加筆）
守屋壽コレクション　広島県立歴史博物館蔵
・写真提供）

下蒲刈・三之瀬（福島雁木）（呉市）

だった。コックスは、鞆での彼らの定宿の主人に調達を依頼し、この主人は鉄の買い付けを行ったらしい。結局、一万二千斤（七・二トン）を銀二貫一〇八匁で購入したという。その二年後にもコックスは鞆に寄り、四日間滞在している。その時は鞆で雪駄《せった》六足を購入し、別れ際に定宿の女主人に「鮭一尾、麝香袋《じゃこう》二個」を贈っている。麝香袋とは、麝香（ムスク）を染み込ませた匂《にお》い袋であろうか。

重要なのはこの記録から、当時、鞆にイギリス商館員の定宿があり、購入品の手配などを依頼していたことがわかることである。江戸時代の初期には、鞆だけでなく、瀬戸内海の各地の港町で西洋や中国の商人も同様の活動をしていたことも推測され、瀬戸内海地域の国際性を考える上で興味深い。

## 福島氏の領国統治⑤福島氏の宗教政策

広島城下の整備の一環として、寺院を集めて寺町を形成したことはすでに述べたが、ここでは福島正則の宗教政策を見ていきたい。

先述した入国の翌年の検地の際、福島正則は、寺社が毛利氏から認められていた領地（寺社領）を没収した。このため、没落・衰退する神社や寺が出たり、正則が彼らから恨みを買ったり、といったことがあったようだ。

ただし、社寺領の没収は正則の領国に特有なものではない。中世的な寺社の領

宗光寺山門（三原市）
福島時代の建築遺構との説もある。

主権を否定するのは、近世大名として当然採るべき政策といえる。国人領主から大名となった毛利氏は、社寺の領主権を妥協的に認めざるを得なかったといわれる。この点も、この地に新たに入った福島正則と、在地勢力の協力を得て勢力を伸ばした毛利氏との差であったといえる。

実際のところ正則は寺社から所領を没収する一方で、一定の財政支援も行っている。それは、福島時代の分限帳《ぶんげんちょう》★「福島正則家中分限帳」に、領内寺社へ六千五百六十石を支給しているという記述からもわかる。

仏教寺院については、先述のように衰退する寺院がある一方で、福島正則が積極的に保護した寺院もあった。小早川隆景が三原城に入る前の居城新高山城の門を移築したと伝える山門（広島県重要文化財）でも知られる三原の宗光寺《そうこうじ》は、正則の嫡子（跡継ぎ）正之が三原で没してこの寺に葬られたため、寺領百石と、毎年米百石が寄進されるなど保護された。寺名も正之の法号に由来する。

その他、安国寺恵瓊《あんこくじえけい》★ゆかりの安芸国安国寺は、恵瓊の死後は廃れていたが、正則は尾張の熱田《あつた》不動院から僧を招き不動明王を安置して不動院と改称、保護した。

また、毛利輝元が安国寺の分院として広島城下に建てた新安国寺は恵瓊の死後、正則が尾張から弟の普照《ふしょう》禅師を招いて国泰寺《こくたいじ》と寺名を改め、福島家の菩提寺とし、続く浅野氏も菩提寺として保護した。国泰寺は、昭和五十三年（一九七八）に西区己斐《こい》に移転したが、それまでは平和大通り沿いの白神社《しらかみしゃ》の東隣にあっ

不動院（広島市）

**▼分限帳**
江戸時代に大名が作成した家臣の知行高・役職・姓名を記した帳簿。「ぶげんちょう」とも読む。

**▼安国寺恵瓊**
?—一六〇〇。毛利氏とも深い関わりを持つ禅僧。豊臣政権下では大名にまで取り立てられた。関ヶ原の戦いで西軍に付き、敗れて斬首された。

た。「愛宕《あたご》池跡」は寺の遺構で往時の面影を今に伝えている。

福島正則は、新たな伽藍を建立するのではなく、毛利時代の寺院建築を利用して、宗派替えや改称により、領国統治にふさわしい寺院を設置、保護した。

宗教政策と直接関係するものではないが、福島正則の嚴島《いくつしま》神社への寄進について紹介しておきたい。嚴島神社の宝物に国宝「平家納経」がある。正則は慶長七年（一六〇二）に「平家納経」の一部の巻の表紙や見返し絵を補修した。見返し絵は、「風神雷神図屏風」で有名な俵屋宗達《たわらやそうたつ》の作と伝える。経箱を納める唐櫃《からびつ》もこの時寄進している（「国宝蔦蒔絵《つたまきえ》唐櫃」）。

最後に、キリスト教への対応を見ておきたい。関ヶ原後、家康がキリスト教の信仰を黙認したこともあり、日本国内でキリスト教の布教は活発で信者（キリシタン）が増加していた。毛利時代の広島城下では奉行佐世元嘉の屋敷近くに教会が開設されていた★（広島教会）。この時代は高山右近《たかやまうこん》らキリシタン大名のほか、大名の家臣に信者がいることは珍しくなく、毛利家にも多くいたと想像される。福島正則が広島に入封した頃はこのような状況であった。

福島正則は、清洲時代にキリスト教に好意的で、家臣にも信者が多くいたという。正則が広島に入ると、毛利氏の移封に伴い閉鎖されていた広島教会が再開された。所領が倍近くに増えたため藩にはより多くの家臣団が必要であり、他家の旧家臣を抱えることになったが、中には志賀親次《しがちかつぐ》★や入江左近《いりえさこん》★をはじめ熱烈な信者

愛宕池跡（広島市中区）

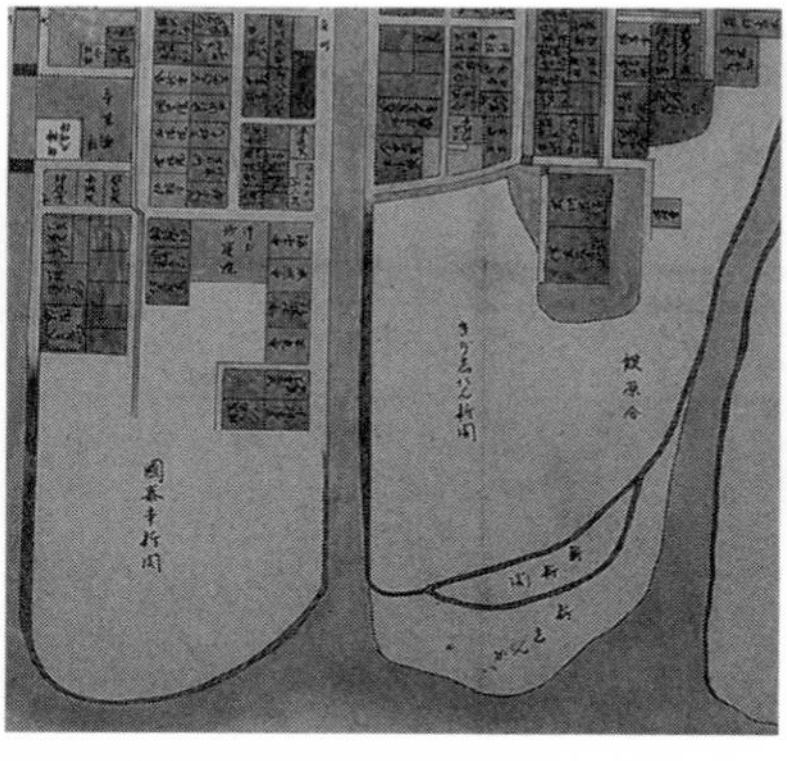
寛永年間広島城下図（部分　広島城蔵）

として知られる者もいた。慶長末年頃には広島の信者数は七〇〇～八〇〇人にも達したといわれている。

キリスト教の布教活動や信仰について穏健な対応をみせてきた正則だったが、慶長十八年に全国に禁教令が出されると、翌年、神父を長崎に追放したり広島教会を閉鎖したりしている。信者たちにも迫害を加えているが、徹底的なものではなく、信仰を維持することは可能であったという。このように当初の抑圧は表面的なものであったが、大坂の陣終結後の元和元年（一六一五）には、福島正則もキリスト教に対する弾圧を一段と強め、その年には正則自身が広島教会を破却し、翌年には改宗を拒否した信者を磔《はりつけ》の刑に処した。厳しさを増す弾圧の中で、元和三年に、安芸国のキリシタン一三人はローマ教皇にあてて書面を送り、信仰の厚さを示した。この一三人のうち七人が「福島正則分限帳」にも見え、正則の家臣であったことがわかる。四千石の大身からわずか一五人扶持の軽輩までいた。この後の彼らの消息は不明だが、改宗を余儀なくされたはずで、拒めば処刑されたものと思われる。実際に二千石取りの家臣佃《つくだ》又左衛門《またざえもん》というキリシタン武士は、元和五年頃までに処刑されたことがわかっている。

元和元年に激化する福島正則のキリスト教弾圧の背景のひとつには、大坂の陣の終結があったと思われ、豊臣氏が滅び徳川氏の天下が確定したことで、徳川氏への恭順の姿勢を示そうという福島正則の意図が読み取れる。

**▼広島教会**
広島教会の位置は特定されていないが、広島城下で福島時代に「きりしたん新開」と呼ばれていた。現在の中区富士見町から竹屋町辺りと推定されている。

**▼志賀親次**
戦国時代の豊後のキリシタン大名、大友宗麟の旧家臣であった。

**▼入江左近**
船戦国時代の土佐のキリシタン大名、一条兼定の旧家臣であった。

# ③ 大坂の陣と福島氏転封

福島正則は豊臣恩顧の大大名として、徳川家と豊臣家の共存に心血を注いだが、対立は避けがたいものとなり、ついに大坂の陣が勃発、豊臣家は滅亡した。そしてその四年後、福島氏は広島を追われることとなった。

## 徳川幕府と福島氏

江戸時代の初め頃、日本国内は築城ラッシュであった。中でも江戸城などの徳川氏の城や幕府が政策的に築いた城については西国の外様大名を主力とした全国の諸大名に築城や修築を負担させた。

慶長九年（一六〇四）には福島氏も、毛利・加藤・池田・浅野・細川などの諸大名とともに、江戸城修築のための石材と木材の運搬を命じられた。江戸にいた福島正則は国元に対し、石船を九反帆と一〇反帆五〇艘ずつ計一〇〇艘建造を命じている。おおざっぱではあるが、二五〜三〇トンを積むことができる船★が一〇〇艘ということで、幕府から課された負担の大きさが想像される。

この後も幕府は矢継ぎ早に諸大名を動員して、江戸城や伏見《ふしみ》城改修、彦根《ひこね》城や

▼二五〜三〇トンを積むことができる船
九反帆を百七十石積、一〇反帆を二百石積として十石を一・五トンで試算した。

駿府《すんぷ》城の新築などを命じている。福島氏はこれらに直接関わっていないが、慶長十五年には丹波篠山《たんばささやま》城、その翌年には名古屋城の築城に動員された。篠山城築城に関わった大名の中で名古屋城にも駆り出されたのは福島・浅野・池田の三大名のみであった。ただでさえ新たな領国の経営・整備が大きな負担であったのに加え、度重なる天下普請は、藩の財政をさらに圧迫し、領民にも大きな負担となったことは容易に想像できる。事情は諸藩も同様であった。

この名古屋城普請の時、加藤清正（熊本藩主）、池田輝政《いけだてるまさ》（姫路藩主）、浅野幸長《あさのよしなが》（和歌山藩主）と福島正則が集まる機会があり、そこで正則が池田輝政に天下普請について不満を述べたという逸話が残っている。正則は「江戸城や駿府城の手伝いは、将軍（秀忠《ひでただ》）・大御所（家康）という天下の重鎮の城なので理解はできる。しかし名古屋は徳川の跡継ぎでもない一族（家康の九男義直《よしなお》。尾張徳川家の祖）のものであって、その手伝いをさせられるのは耐えがたい」と述べた上で、「あなた（輝政）は家康の娘婿だから、諸大名を代表してこの状況を訴えてもらえないか」と依頼したという。輝政は答えようがなかったが、加藤清正が笑って福島正則に「今、この城を築く苦労に耐えられないなら、帰国して謀反を起こせば良い。謀反ができないのなら、言わせたとおりの仕事をこなすしかない」と言ったところ、互いに笑い合ってその場はお開きとなったという。

その後、駿府城に隠居している家康のもとに諸大名が集まった時、家康は彼らに対して「諸大名が近年の普請の手伝に疲弊しているという噂を聞く。もしそうなら、早く帰国して、城を高くし池を深くし、自分（家康）が到着するのを待てばよい」と冗談めかして話したので、諸大名が恐れをなし、急に人員を投入して城はまもなく完成した、という。直情型といわれる福島正則の性分と、対称的な家康の老獪《ろうかい》さがよく示されたエピソードである。その後も禁裏（御所）の修理、江戸城の増築と天下普請は続き、福島正則もその任に当たった。

その間の慶長十三年に、大坂城にいた豊臣秀頼《ひでより》が天然痘★を患った際、西日本の豊臣系の諸大名が、内密に見舞いをしたという記録がある。内密に、というのは家康に遠慮したためと推測されるが、中でも福島正則は、急ぎ大坂城へ参上したという。近年では、関ヶ原の終結後から豊臣氏の滅亡までの期間を、徳川氏が豊臣氏と共存共栄を図った「二重公儀体制」と説明されることもあるが、この時期の豊臣秀吉恩顧の西国諸大名は、徳川氏に臣下の礼をとり、天下普請の義務を負担しながらも、豊臣家への忠誠心も持ち続けていた。少しさかのぼるが慶長八年に秀頼と千姫《せんひめ》（徳川秀忠の娘）の婚儀が成立した時に、福島正則が西国諸大名を誘って、秀頼に対し奉公の誓紙を差し出したという風説もあった。

西国諸大名にとっては、両家の関係が良好であることが重要であり、慶長十六年に京都二条城での家康と秀頼の会見をとり持ったのも福島正則や加藤清正たちであった。両家の円満な関係を維持すべく奔走する正則の姿がしのばれる。

▼天然痘
疱瘡（ほうそう）ともいわれるウイルス性の感染症で、死亡率が高いことでも知られる病気である。

## 大坂の陣と福島氏

徳川家と豊臣家の融和に腐心した正則であったが、先に触れた慶長十六年（一六一一）の家康と秀頼の会見こそが、家康に豊臣家との穏健な関係、すなわち「二重公儀体制」を放棄させたきっかけとなった。福島正則にとっては皮肉な結果といわざるを得ないが、この会見の翌年、正則は御礼言上の意味を込めて駿府城の徳川家康と江戸城の将軍秀忠に参勤した。将軍秀忠とのお目見えが終わった後、秀忠は正則に対し、国元で休息するようにと「お暇を下され」たが、正則が感激のあまりこれを断り、その後も江戸に滞在していた。正則からすれば、無事に豊臣秀頼と家康の会見が終了し、このあと秀頼の関白就任も視野に入る中で、豊臣家が徳川家とともに安泰の道を歩むレールを敷くことができたことは、豊臣恩顧の大名としてひとつの大きな仕事を成し遂げた思いだったのではなかろうか。

だが、事態はそれとは逆の方向に進んでいく。徳川氏と豊臣氏の対立は避けがたいものとなり、慶長十九年、ついに徳川家康は開戦を決意し、全国の諸大名の軍勢が大坂に集結、大坂冬の陣が勃発した。その間、福島正則は江戸に滞在していた。秀忠からの帰国許可を辞して以降、秀忠からは暇が出ず、江戸から出られなかったためで、正則は帰国の許可を断ったことを後悔したと伝えられている。

家康は、大坂への出陣を控えた慶長十九年十月四日に、東日本の諸大名に対して、陣触（軍事指令）を発し、西日本の諸大名に、速やかに帰国して、指示があり次第大坂に出陣するように命が下ったが、豊臣恩顧の福島正則や黒田長政《くろだながまさ》★、加藤嘉明《よしあき》★は、江戸に留め置かれた。

正則は十月十三日に家康に使者を送り、書簡を託した。内容は、①江戸滞在の指示は承知したこと、②大坂での「謀反」は、秀頼の本心ではなく近臣の扇動によるものと考えられること、③秀頼と母淀殿《よどどの》宛てに彼らをいさめる書状を送ろうとしていること、であった。その秀頼母子宛ての書状では、①速やかに徳川への反心を撤回すること、②誠意を示すため、淀殿は江戸か駿府に（人質として）住むこと、③福島家は、江戸に一族・一門が住んでいる（＝徳川氏にそむく意志はない）こと。④それでも聞き入れてもらえないなら、自身（正則）が天下の諸軍勢の先頭に立って大坂城を攻め落とすつもりであること、が述べられ、改めて秀頼母子が態度を改めるよう懇願する、という趣旨であったという。正則はこの書状を、幕府の重鎮の一人本多正純《ほんだまさずみ》にも送っているが、その思いもむなしく、大坂冬の陣は始まった。福島家からは正則の三男忠勝《ただかつ》が出陣している。その年の暮れに両軍の和睦が成立し、一旦は軍事的な緊張が緩んだがそれもつかの間で、翌年、大坂夏の陣が起こり、大坂城は落城、豊臣氏は滅亡した。

この戦間期から夏の陣の間も、正則は江戸にいた。そして夏の陣では、将軍秀

▼黒田長政
一五六八―一六二三。初代の福岡藩主。父は豊臣秀吉に仕えた戦国武将の黒田如水（孝高・官兵衛）。

▼加藤嘉明
一五六三―一六三一。福島正則や加藤清正と並んで、「賤ヶ岳の七本槍」に数えられた武将で、豊臣大名。この時は伊予松山藩主。

忠の命により、福島忠勝が兵を率いて大坂に向かったが、大坂に到着した時にはすでに大坂落城後で戦闘に間に合わなかった。幕府は忠勝ら遅れた大名に、戦で破壊された堤や道路などの修復を命じている。大坂の陣で何らの戦功を挙げられなかったことは、この後の福島正則の藩経営にも影響を与えた可能性がある。この後幕府の諸大名統制は厳しさを増し、「一国一城令」や「武家諸法度」が出された。そして、それらは福島氏処分の布石ともなっていった。

## 福島氏改易事件★

慶長十七年（一六一二）以来、江戸にいた福島正則が広島に帰国したのは、豊臣氏滅亡の翌年元和二年（一六一六）であった。その翌年六月には従三位参議に叙せられた。九月には徳川秀忠が芸備両国四十九万八千二百二十三石の領知判物《りょうちはんもつ》★を正則に下し、名実ともに、西国の大大名の一人となった。そのような中、元和三年春夏の長雨・大雨で、太田川が氾濫《はんらん》し広島城と城下は洪水の被害に見舞われた。正則は、翌年から広島城修築の普請を行ったようだが、この修理が幕府に無許可だったとして、元和五年に幕府に武家諸法度の違反★を咎められ、福島氏は大幅な知行削減の上転封の処分を受けた。改めてその経緯をたどってみたい。

元和三年の大雨による広島城の被害状況については、三の丸まで浸水し石垣が

▼福島氏改易事件
後述するようにこの時点では福島氏は大名として存続しているので、厳密には(知行の召し上げ・除封を意味する)改易ではないが、一般に「福島正則改易事件」と呼ばれる。

▼領知判物
花押（サイン）のある文書のこと。領知判物は所領を安堵する文書。

▼違反
武家諸法度では大名は居城の修理を行う際にも幕府への届出を義務付けている。

破損した上、本丸・二の丸・外郭の櫓・塀にも被害が出たことが、元和五年一月に福島正則が書いた書状で確認できる。この時正則は江戸に滞在していた。正則は城の修理を事後に報告した可能性もあるが、広島城を独断で修理したことについて、同年四月に将軍秀忠の知るところとなった。秀忠はこれを怒り、厳しい処分を検討したらしい。ところが、家康以来の徳川の重臣で老中の本多正純が寛大な処分を求め厳罰に反対したこと、正則が陳謝したことなどから、秀忠は正則に、「寛有の御計らい」で済ませることにしたという。つまり、期限までに本丸以外の城を破却することと、人質を提出することであった。これに対し、福島氏は人質は出したものの、城の取り壊しは不十分とされ、ついに同年六月、四万五千石に減封し、領地は津軽《つがる》国（青森県）という処分が下された。

この処分について、従来から、福島正則を失脚させるための本多正純の陰謀説（本多正純が正則からの届出を将軍秀忠にわざと取り次がず、正則が無届で処罰されたとする説）があるが、史実ではなさそうだ。正純が寛大な処分を求めた事実は、秋田藩家老の日記でも確認でき、加えて、この数年後に今度は正純が改易されるが、その理由のひとつに福島処分に反対した事があげられていた。

処分は、五月に将軍秀忠が諸大名を率いて上京、福島正則の跡継ぎである忠勝にも上京を求め、六月二日に諸大名に発表された。江戸に滞在中の正則は、幕府の命には恭順の態度で臨み、処分を受入れる文書を提出して京に滞在中の忠勝に

**福島氏によると推定される広島城本丸の破壊された石垣**
福島氏が幕府への恭順のために行った広島城の破却は、戦国時代以来の慣習に沿った形式的なもので、一方の徳川氏が新たな秩序として求めたのは、徹底した破却であり、その認識のズレが福島氏改易の原因であったとする説が近年提示された。

使者を出した。国元の家老たちに、異議を唱えず幕府の使者命令に従い、国を退いて城を明け渡すように、忠勝から伝えさせるためであった。

幕府は福島家臣団が城の明け渡しを拒んで籠城《ろうじょう》することも想定して、長州藩★毛利氏、岡山藩池田氏、津山《つやま》藩森氏、鳥取藩池田氏、松江藩堀尾氏という、広島藩を取り囲む諸大名や、四国九州の諸大名にも出陣の用意を指令したという。

実際、幕府使者が備後国に入る手前の備中国笠岡《かさおか》で、広島城明け渡しを福島氏留守居の家老に求めたところ、主君の指令でないと開城する訳にはいかないという回答であった。この時広島城には四〇〇〇人、三原城などにも侍が詰めていたとされる。六月二十日には江戸からの正則の書面と、京の忠勝の書面が広島城に届けられるに至り、異議なく城を明け渡すことになったという。そしてその後は、家老の指揮・統制の下に、城中・侍屋敷の清掃を済ませ、城中の武器・弾薬・諸道具の明細書を作成して、正則の妻や家財など五〇〇艘の船で送り出し、最後に家老以下の上級家臣のみが城に残って城の引き渡しに臨んだと伝えられる。その様子は一糸乱れぬ見事さであったという。

その後の正則・忠勝の恭順の態度や、円滑な広島城の明け渡しなどが考慮され、転封先は遠方の津軽ではなく信濃国川中島（現在の長野市）に変更された。忠勝が藩主となり正則は信濃国川中島高井野村で謹慎生活を送った。そして正則は、同地で寛永元年（一六二四）に六十四歳の生涯を閉じ、その遺骸は信濃国高井郡

▼**長州藩**
藩の呼び方にはいくつかある。近年は藩庁の所在地で呼ぶ表記が一般的になりつつあるが、本書では、シリーズの統一の点から「長州藩」と表記する。薩摩藩、土佐藩なども同様である。

の厳松寺《げんしょうじ》で火葬された。しかし、火葬が幕府の検死を受けずに行われたことを幕府が咎め、四万五千石は没収された（その後、三千石の旗本として存続）。

福島氏入封前の毛利氏時代の当地域は、いわば近世化への過渡的な段階にあった。広島での福島氏の統治は、わずか二十年足らずであったが、当地域の近世化の流れを推し進め、近世社会の基盤を整えたという点で果たした意義は大きい。それにもかかわらず福島正則は、広島での認知度は必ずしも高くない。

福島正則の改易理由について、一世紀後の新井白石《あらいはくせき》★がまとめた書物には、いくつかの「罪状」が記されているが、そのひとつに人々への苛政がある。しかし、入封当初の検地の後の税率は四六パーセント程度で、毛利時代の七〇パーセントより低率であった。徐々に税率は上がり、最終的には七〇パーセントまで上がったが、それは当時の長州藩などとほぼ同率で、特別高いわけではない。高率となった背景には天下普請の負担の影響も大きかったと想像される。また、寺社からの反発はあったが、福島氏の寺社政策が特別厳しかったわけではなく、全体的にむしろ善政であったという評価さえみられる。

ここまで、毛利氏と福島氏の時代を概観してきた。天下餅は信長がついて秀吉がこねたとの落首もあるが、広島については、毛利と福島がその役割を果たしたといえるのではなかろうか。

▼**新井白石**
一六五七―一七二五。江戸時代中期の儒学者、政治家。六代将軍徳川家宣の下で、「正徳の治」と呼ばれる儒学思想に裏打ちされた政治を行った。

福島正則墓所（不動院・広島市）

これも広島

# 幻の近世城郭・亀居城

福島正則の六支城体制の中で、西の守りとして築かれた亀居城は、標高八八メートルほどの独立丘陵の山頂に天守台を備えた本丸のほか尾根づたいに七つの郭が階段状に並び、さらにいくつかの郭が配され、計一〇郭とも一一郭ともいわれる。本丸から最も低い妙見丸（標高三〇メートル）まで、標高差は五〇メートルあった。

亀居城妙見丸の発掘調査から（石垣破却状況）（（公財）広島県教育事業団撮影　広島県立埋蔵文化財センター写真提供）

現在は、城山の麓にＪＲ山陽本線や国道二号線、さらに市役所や大型商業施設など大竹市の中心市街が広がるが、これらの平地は、幕末期以降の干拓やその後の埋立などで順次造成されたもので、亀居城が築城された近世初頭には、城山の麓には平地がわずかで、文字どおり海に突き出した山塊であった。山頂からは、瀬戸内海はもちろん、広島を直接望むことができ、安芸国南西部の軍事的な要衝であったことがわかる。

昭和五十三年（一九七八）から翌年にかけて公園整備に伴う発掘調査が行われ、本丸には建物規模が七間（一二・七メートル）四方の天守があり、天守の附櫓と南北の渡櫓がそれぞれ天守と連結した複合式の城郭と判明した。天守は三層と推定されている。石垣の石材には刻印を持つものもあり、広島城の石垣の刻印と同様であることも確認された。

さらに平成二十七年（二〇一五）から岩国大竹道路の建設に伴って、妙見丸の発掘調査が行われた結果、郭の明瞭な遺構は確認できなかったが、石垣周囲で転石の散乱状態が確認されたことは注目された。

発掘調査を実施した広島県教育事業団は、その規模や様子から、自然災害ではなく人為的に破却した痕跡と推定し、福島氏による廃城時の破壊行為に伴うものと結論付けている。また、この調査で確認した石垣の石材の刻印の種類別で見ると、三分の一が広島城と共通、三分の二が広島城では未確認のものという。点数に注目すると、この共通の刻印を持つものが全体の六割を占めていることが判明した。広島城でもこれらの刻印が全体の六割に当たるという。ふたつの城が同じ領主の下で同時期に普請がなされたことが改めて確認できる。

亀居城石垣刻印▽

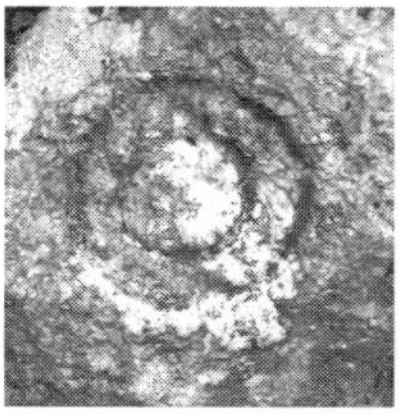
亀居城石垣刻印◎

これも広島

# 広島藩がわかる博物館

江戸時代の広島について学べるミュージアムをいくつか紹介したい。

**◇広島城**

戦後再建された天守閣が展示施設になっている。第一層が「広島城の成立と役割」をテーマに、広島城の築城や広島藩についての展示がある。第二層は「城下町広島のくらしと文化」をテーマにした展示で、江戸時代後期の城下に暮らす人々の生活や風俗を描く「広島城下絵屏風」(複製)も常設。第三層は武具・刀剣・甲冑の展示室で、第四層は企画展示室になっている。

**◇頼山陽史跡資料館**

旧広島城下の頼春水の屋敷があった場所で、「史跡　頼山陽旧居室」の地にある県立の博物館。展示は、頼山陽の生涯や主著『日本外史』、頼家を紹介する常設展示のほか、近世の文化などを扱う特別展を開催。

史跡　頼山陽旧居室

敷地内には茶室や庭園があり、都会のオアシスとしても親しまれている。

**◇広島市郷土資料館**

赤煉瓦が印象的な広島市の南部にある市立の資料館。建物は明治四十四年(一九一一)建築の旧陸軍糧秣支廠を修復したもので、近代洋風建築、被爆建物としても貴重。広島の伝統的な地場産業や太田川の舟運に関する常設展示、近世・近代の広島をテーマとした企画展を開催する。

**◇朝鮮通信使資料館　御馳走一番館**

呉市下蒲刈町三之瀬にある、朝鮮通信使をテーマにした全国初の資料館で、平成六年(一九九四)に開館した。

瀬戸内を航行する通信使一行を描いた絵巻や、十分の一の朝鮮通信使船模型、館の名前の由来である通信使に提供された豪華な膳の復元など、見どころが多い。

下蒲刈・三之瀬
(御番所〔復元〕)

# 第二章 浅野氏入封と広島藩

福島氏に代わり浅野長晟が入封。浅野氏の広島藩が成立した。

縮景園

# ① 浅野広島藩の成立

福島正則に代わって広島に入封したのは和歌山藩主浅野長晟《ながあきら》であった。
転封は兄幸長の急死に伴って和歌山藩主に着任して間もなくのことで、
長晟は、家中の統率と新領での安定的な統治という直面する難題を乗り越えた。

## 浅野氏について

『寛永諸家系図伝《かんえいしょかけいずでん》』★によれば、浅野氏は尾張国丹《に》羽《う》郡浅野荘（現在の愛知県一宮市）を拠点としていた。浅野長勝《あさのながかつ》が織田信長に仕え、早くから秀吉に属していたという。長勝には男子はなく二人の娘（養女）がいて、姉はおね（秀吉の妻北《きた》の政《まん》所《どころ》）で、妹のやや（末津子）には婿《むこ》養子を迎えた。この人物が浅野長政である。

その結果、秀吉と長政は義理の兄弟（互いの妻が姉妹）となり、長政は秀吉の信任を得て、大名となった。長政は太閤検地を推し進めた人物で民政にも長《た》けていたといわれ、秀吉の晩年には五奉行の筆頭として実務を指揮した。一方、早くから徳川家康と親交があり、石田三成と対立していたともいう。関ヶ原の前年に家督を幸長に譲り隠居したが、関ヶ原の戦いでは東軍につき、秀忠の軍に従った。

▼『寛永諸家系図伝』
江戸幕府が編纂した、最初の大名や旗本の総合的な系譜で、編集責任者は林羅山。寛永二十年（一六四三）完成。

長政は豊臣恩顧の大名として浅野家飛躍の土台を築いた人物であった。

長政には大名となった三人の息子がいた。年長の幸長は、秀吉にかわいがられたという。父長政に従い功を上げ、父とともに甲斐《かい》国一国の大名となった。しかしその後、不遇の時代を過ごす。文禄四年（一五九五）豊臣秀頼が生まれたのち、秀吉が関白豊臣秀次《ひでつぐ》を失脚させた事件では、秀次に連座して幸長も能登《のと》国に配流となった。北の政所や前田利家《まえだとしいえ》の尽力によって死罪を免れたという。

幸長は二年後に許され、二度の朝鮮出兵に参加した。秀吉没後は父同様、石田三成と対立、関ヶ原の戦いでは家康に従って戦功を上げ、紀伊国三十七万石を与えられて和歌山城を拠点に城下町を整備した。江戸時代に入ってからは、福島正

広島藩浅野家略系図

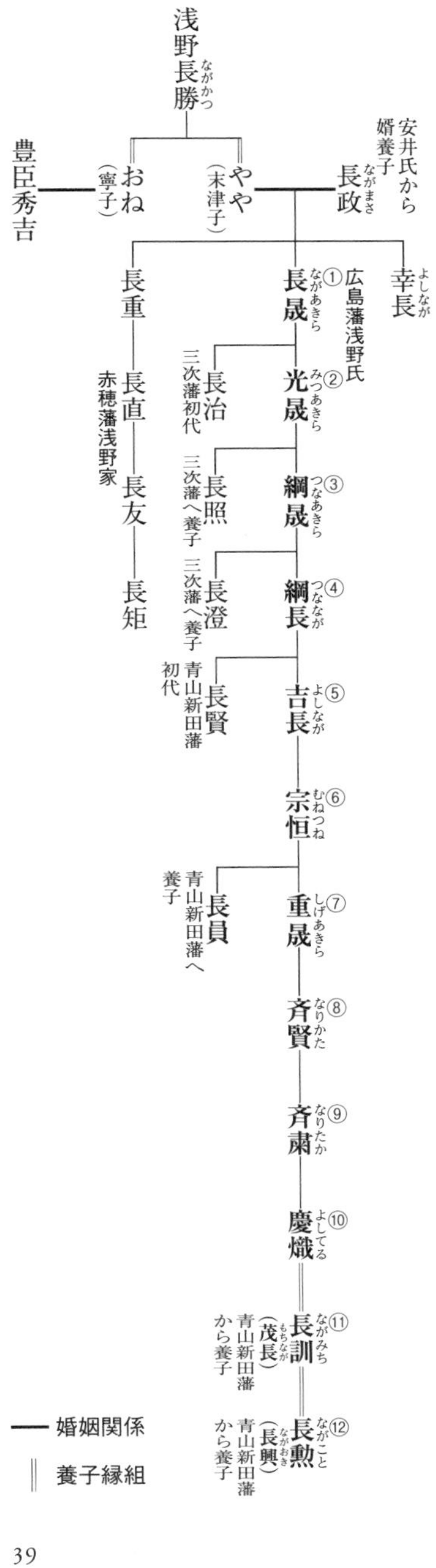

則と同様に徳川氏の天下普請に応えながら豊臣家のために尽くし、慶長十六年（一六一一）の二条城での家康と秀頼の会見にも同席した。武芸に秀で「天下一」と賞賛された。また、孝心が厚く父長政のために盛大な葬儀を行ったことは当時有名であったという。だが、大坂の陣の前の慶長十八年に三十八歳で没した。幸長には男子がおらず、家康の計らいで弟の長晟《ながあきら》が和歌山藩主となった。

浅野長晟は、長政の二男で秀吉の没後は家康に仕え、慶長十五年に二十五歳で備中国足守《あしもり》藩（現在の岡山市北区周辺）の二万四千石の大名となった。この時、父長政は、長晟に藩政運営について細かな指示と訓戒を与えている。その趣旨は、兄幸長は親孝行な息子だが、長晟は心配ばかりかける不孝者なのでこれを機に諸事慎め、というものであった。

幸長はこの時点で大名として二十年以上の経験があり、彼と比べられる長晟は気の毒だが、大名の器という意味では、父長政の目には、両人には歴然とした差があると映り、長晟を心配したのであろう。その長政は翌年に世を去っている。そして長晟は大名となってわずか三年で和歌山の本藩を継いで三十七万石の大名となり、その六年後に広島に移ってきた。

ちなみに、長晟の父長政は晩年の慶長十一年、常陸《ひたち》国真壁《まかべ》に五万石を与えられ、没後は三男の長重《ながしげ》が継いだ。長重の子長直《ながなお》が赤穂《あこう》に転封となり、赤穂浅野藩の祖となった。後述する赤穂事件で有名な浅野長矩《ながのり》（内匠頭《たくみのかみ》）は、長直の孫である。

## 浅野長晟と広島入封

長晟が兄幸長の跡を継いだが、実は三男の長重《ながしげ》も藩主候補であった。新藩主長晟は当初、家臣団の統率に苦労したようだ。

和歌山藩の重臣を担う浅野家一門の中にも、親長晟派（浅野忠吉《ただよし》）と反長晟派（浅野知近《ともちか》）がいた。長晟は家中とのなじみも薄く、藩をまとめていくことが喫緊の課題であったと思われるが、このあと長晟がリーダーシップを確立する上で好都合な出来事が続いた。ひとつ目は、大坂の陣で戦功を上げたこと、ふたつ目は同じ頃領内で起こった大規模な一揆を親長晟派の浅野忠吉の活躍で鎮圧したこと、さらに元和元年（一六一五）、長晟が家康の娘振姫《ふりひめ》を正室として迎えたことである。過去に前藩主幸長の娘が尾張徳川家に嫁いだこともあり、将軍家と浅野家との姻戚関係が深まったことは、浅野家当主長晟の権威付けになったものと思われる。なお、振姫は元和三年に光晟《みつあきら》（二代広島藩主）を産んだ半月後に没した。

元和五年六月二日に福島正則の処分を発表した将軍秀忠は、七月十八日に長晟に対して、五万石加増の上、安芸国全域と備後国六郡の四十二万石に転封させる命を下した。

和歌山には徳川頼宣《よりのぶ》が五十五万石で入った。近畿周辺を将軍一族で固めるとい

浅野長晟肖像（模写）（広島城蔵）

う意図が働いた配置替えといわれる。しかし秀忠が長晟に転封を告げる際、浅野家が将軍に忠節を尽くしていること、振姫《ふりひめ》は亡くなったが長晟とは一度は親戚となった間柄であること、広島は中国の要所であり、福島の跡は長晟に任せたいとの言葉があった、と長晟は国元に伝えている。この言葉は長晟を感激させたというう。幕府の真意は和歌山徳川家の創設であったと思われ、長晟への秀忠の言葉は、そのための体《てい》のいい甘言《かんげん》とも受け取れるが、長晟はそれを国元に伝えることで当主としての面目躍如《めんもくやくじょ》に利用したとも考えられよう。

長晟は元和五年（一六一九）八月四日に家臣団を率いて船で広島城に入城、ここに明治の廃藩まで続く広島浅野藩が誕生した。

## 長晟時代の藩政

長晟が広島に移ったのは三十四歳の時で、寛永九年（一六三二）四十七歳で亡くなるまで十三年間藩主の座にあった。この間、最も力を注いだのは、新領地の掌握と安定、年貢の確保であった。

和歌山時代にも浅野一門を支城に配置する政策を採っていた長晟は、三原、三次、小方、東城の各所に家老を配置し、藩境を守らせた。三原を除いて城はすでになかったが、福島氏の統治体制をそのまま踏襲していることがわかる。この四

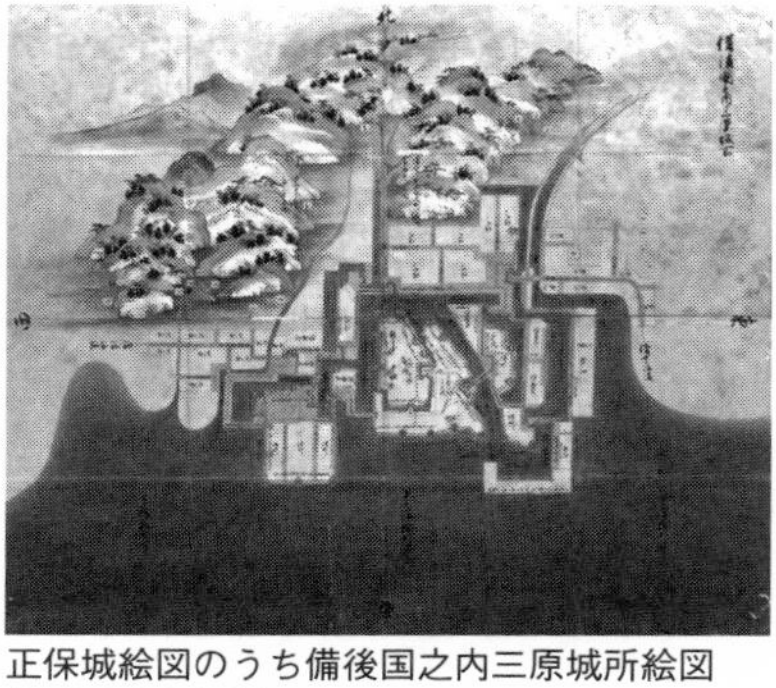

正保城絵図のうち備後国之内三原城所絵図
（国立公文書館蔵）

現在の三原城（三原市）

家老について詳しくみると、三原城に入った浅野忠吉には二万八千石（のち三万石）、三次の浅野知近には三万石、小方の上田重安《しげやす》（宗箇《そうこ》）には一万石（のち一万七千石）、東城《とうじょう》の亀田高綱《かめだたかつな》には八千石（のち一万六千石）を知行している。その一方で長晟は、広島に入ってわずか三カ月後の元和五年（一六一九）十一月にこの四人のうち浅野知近を誅殺するという行動に出た。知近は父長政の甥《おい》に当たり「国老」とも称された浅野家中の筆頭で、知行高三万石は家中最大であった。

知近はすでに述べた反長晟派のリーダーで、和歌山時代から長晟に不義の振る舞いが多かったという。彼は三原城主を望んでいたようで、三次への配置が不服で出仕を拒んでいた。長晟は、広島への転封直後に、自らに従わない家臣団の重鎮を粛清《しゅくせい》したことによって、藩主としての主導権を一段と強化した。

さらに、寛永元年（一六二四）には東城の地を任していた家老亀田高綱が藩を去った。家老の上田重安との確執が原因とされる。その後、浅野高英《たかひで》（東城、一万石）が家老となり、以後、廃藩まで三家老体制であった。

家老の知行割のほか、長晟の重要な仕事に家臣団への知行割があった。

広島藩では、凶作や飢饉などの非常時をのぞき、明治初めの版籍奉還★まで地方《じかた》知行制《ちぎょうせい》★を採用していたが、家老とその他の藩士で給知の割り当て方が異なっていた。家老は、それぞれの拠点を中心に、村単位で給知を与えられ（一村丸抱え）、その後も給知の変動はなく固定されていた。

▼**版籍奉還**
明治新政府が、諸藩主から版（土地）と籍（人民）を朝廷に返納させた政策。明治二年（一八六九）に実施。

▼**地方知行制**
藩から土地そのものを与えられる形態。与えられた土地からの税が収入となった。

一方で、その他の藩士は、禄高の多い者でも、「一村丸抱え」ではなく、藩内に散在する形で給知を与えられた。また、禄高は変わらなくても、たびたび「割替え」つまり給知の組み替えを行った。これらは藩士と給知の住民らが固定的に結び付くことを防ぐためと考えられている。

その結果、ひとつの村には複数の藩士が給知を持ち、一人の藩士は複数の村に給知をもつという複雑な形態となった。その際に、どの藩士がどこの村を給知に与えられるかについても、平等を期するために、藩は「くじ引き」を行った（「籤取制《くじとりせい》」）。これは長晟の発案といわれる。このようにして、長晟は、家老を別格としつつも、平等かつ、機械的に藩士の知行割を行ったのである。

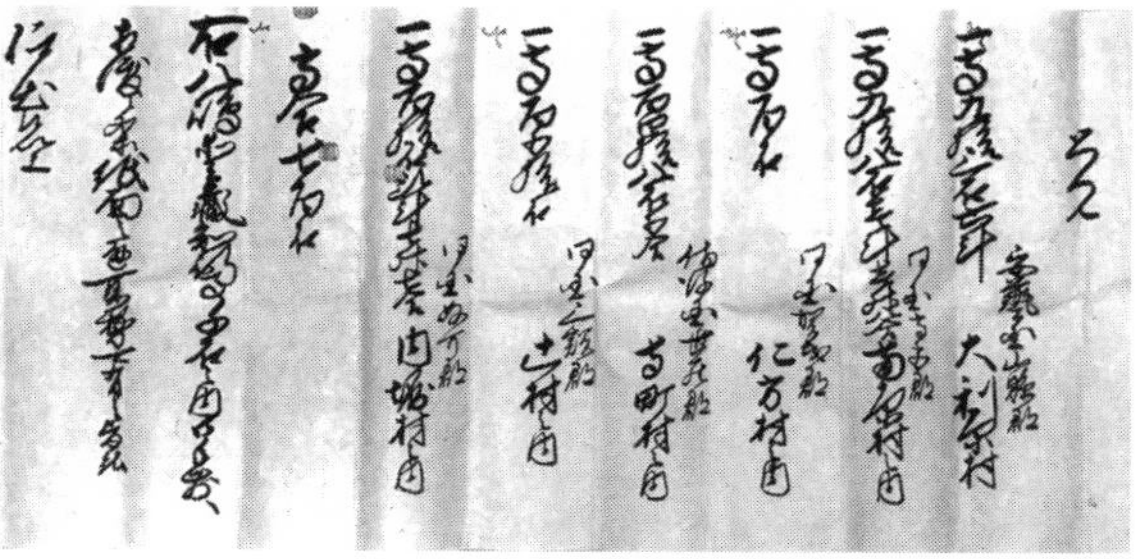

**八嶋大学配知目録**（明和四年〈一七六七〉個人蔵）
配知目録は、藩士が代替わりに際して藩から発給された知行地の証明書。右の史料の場合、知行七百石は、領内六カ所の村の一部（九十三〜百五十石）に分散して認定されている。広島藩士の知行の特徴である。また、八嶋家は先代が千石取りであったが、代替わりで跡目を継いだ八嶋大学の知行は七百石であった。この差三百石が明地として藩の蔵入知となった（四七頁）。

# ◆2 浅野氏の領国統治

浅野氏は、福島氏の時代の政策を引き継ぎ、領国の整備と統治に当たった。より徹底的な検地を行って領国を把握するとともに、海運・舟運の整備を積極的に行った。とくに太田川の舟運は、山間地と城下町広島を結ぶ物資輸送の大動脈となった。

## 光晟時代の藩政

浅野光晟の母は振姫（家康の娘）であり、三代将軍徳川家光《いえみつ》とは従兄弟となる。「光」の字は、家光から与えられた。光晟と名乗り、さらに有力外様大名に与えられる松平姓も賜わった。以後、浅野氏は公的には松平を称する。

光晟は父長晟が亡くなった寛永九年（一六三二）に藩主に就任し、在任期間は三十九年という長期にわたった。時代は、徳川家光・家綱《いえつな》の治世で、家光は、日本人の海外渡航、ポルトガル・スペインなどオランダ以外の西洋諸国の入港を禁止する（いわゆる「鎖国」政策）一方、島原の乱★を鎮圧し、幕藩体制の基盤を整えた。家光の没後、家綱の将軍就任にあたっては、慶安《けいあん》事件★など動揺もみられたが、幕府はそれまでの武断政治から文治政治へと転換を図り、幕藩体制の安定を目指

▼島原の乱
寛永十四年（一六三七）に九州で起こった大規模な一揆。島原・天草一揆とも呼ぶ。広島藩は、直接戦闘に加わらなかったが、輸送船舶を提供した。

▼慶安事件
慶安四年（一六五一）に、江戸で由井正雪（ゆいしょうせつ）等の浪人が幕府転覆を計画した事件。未遂に終わったが、幕府は、改易などで生まれた多くの浪人への対策を求められた。

した時期であった。

新藩主光晟に求められたのは、長晟の成果を継承しつつ藩体制を確立することであった。光晟の在任中には三次藩の分知（次節参照）に伴う検地の実施や藩財政の確立、街道の整備などが行われている。

この時の検地（寛政・正保検地）は、幕府には届け出ず、「地詰《じづめ》」と呼ばれ、寛永十五年に蔵入地★で、正保三年（一六四六）に知行地★で行われた。目的は福島氏の「検地帳」の内容を確認することと、改めて領内を把握することであった。福島氏の検地では、一部地域で実際に竿入《さおいれ》（実測）を行わず差出《さしだし》で済ませていたが、光晟の検地では、そのような村でも竿入を行った。また、福島検地の頃と土地の利用状況に変化がある村では、改めて検地を行った。

その結果、新たに検地をした村では、すべて村高が増えており、藩内での増加分（「改出高」）は三万四千石余りに上った。福島検地以後に干拓《かんたく》などで開発された新田にも竿入が行われ、一万七千石余りが新田高として新たに計上された。合わせて約五万石増加したことになる。これは、三次藩の石高とほぼ等しく、広島浅野藩が、三次藩を分知したのちも、四十二万石の大名としての格を維持しようとするねらいがあったものと考えられている。

新たな石高は、寛文四年（一六六四）に幕府に届け出ており、公式な領地高三十七万六千五百石に対し、実質四十二万七千石余という石高を幕府も了解した。

**▼蔵入地**
藩の領地のうち、藩主の直轄地。

**▼知行地**
藩の領地のうち、家臣に分けた土地。

次に藩財政の確立について簡単に見ていこう。広島藩の財政を考える上で、蔵入地の割合に着目すると、福島氏は全体の約二割、浅野長晟は全体の三割であり、大名の財政の基盤は領知高の三分の一以下であった。これは当時の諸大名も同様であったといわれ、これを克服して藩の収入をいかに増やすかが、藩政を運営していく上での各藩の大きな課題であった。

広島藩では、光晟の治世の末期頃、検地後の総石高四十二万七千石のうち、全体の六割強を藩の直轄地として確保し、藩財政の基礎の確立に成功していた。検地によって石高を増やした後、改めて家臣への知行割を行い、その結果、どの家臣にも割り当てられない余剰の地（「明知《あけち》」★）を藩主の直轄地とは別に藩の蔵入地とした。度重なる知行地割の組み換えにより、家臣知行地は十五万七千石で全体の三七パーセントと大幅に減り、一方の明知は約十三万八千石で全体の三一パーセントを占め、明知を除いた蔵入地（十三万二千石）をしのぐほどであった。このほか、寛文十九年から三十年間にわたって続けられた家臣からの借り入れ（借地・実質的な減給）も藩財政にとっては大きな収入源であった。

次にこの時期に整備された街道や度量衡《どりょうこう》の単位の統一についても触れておく。光晟の時代に参勤交代の制度化、島原の乱、幕府による諸国への巡検使《じゅんけんし》★の派遣などが相次ぎ、各藩独自の基準ではなく、幕藩体制全体の共通の制度や単位を整える必要に迫られた。例えば寛永十年（一六三三）の幕府巡検使に伴う街道の

▼明知
家臣が代替わりした際、実績のないうちは知行を減らし（減知）、経験・実績を積む中で石高を上げていく仕組みを導入するなどで生じた。

▼巡検使
巡検使は幕府の職名で、将軍の代替わりごとに全国に派遣された。

整備はそのひとつである。諸国に共通の道路整備の基準が示され、山陽道（西国街道）など主要な街道には一里塚★を設けた。そしてその際に三六町（丁）で一里と定めている。また各地に公設の駅★や茶屋★を設けて宿駅制を一段と進めた。道幅は、西国街道二間半、石見・出雲街道七尺、村伝い道三尺と定められた。

容積の単位についても触れておくと、広島藩ではそれまでは用途によって容量の異なる多様な枡を使用していたが、寛文八年（一六六八）、京枡《きょうます》★に統一された。

## 綱長時代の藩政

光晟《みつあきら》は寛文十二年（一六七二）に隠居し、子の綱晟《つなあきら》が第三代藩主となった。しかし、翌年綱晟は就任後わずか十カ月で没したため綱晟の嫡子で十五歳の綱長《つななが》が第四代藩主に就いた。年少の藩主ではあったが、祖父光晟が健在で、若い綱長を補佐した。ちなみに綱長の綱は将軍家綱から与えられている。

綱長は三十五年間、藩主の座にあり、これは五代将軍綱吉《つなよし》の在位期間とほぼ重なる。元禄時代と呼ばれ、京都・大坂・江戸の三都を中心に、商品経済が発展し、将軍綱吉による学問文化を奨励する政策などを背景に、元禄文化が開花した時代であった。藩の支出も増え、家臣の生活も奢侈《しゃし》になる一方で、年貢の収納がほぼ頭打ちとなったこともあり、藩財政に陰りがみえ始めた時期でもある。綱長はそ

▼一里塚
主な街道に距離の目安として、一里（約四キロ）ごとに築かれた塚。上に榎（えのき）などを植えた。

▼公設の駅
公務で使用する馬などを乗り継ぐ拠点。

▼茶屋
公務で使用する休憩所・宿泊所。

▼京枡
太閤検地で秀吉が石高を決める基準として使用していたもので、江戸幕府も広島藩が統一した翌年に京枡を公定枡として採用している。

浅野綱長「山水図」（部分）
（三好家文書　広島県立文書館寄託・写真提供）

のような中、財政の立て直しに着手した。

　この時期、広島藩でも他藩と同様、倹約と産業の奨励が行われた。綱長は元禄八年（一六九五）と同十二年に厳しい倹約令を出して支出の抑制を行った。倹約令は今回が初めてではなかったが、綱長の倹約令は多くの条文からなり、家臣だけでなく藩内全域の生活全般にわたって、厳しく規制を加えている。

　その一方で、綱長の治世の後半には、藩の収入を増やすための積極的な施策も打ち出された。藩の専売制と、運上《うんじょう》★の徴収である。専売は元禄九年に鉄座、宝永三年（一七〇六）に紙蔵を設け、広島藩の特産品である鉄と紙を藩が販売することとした。運上は長晟の時代から導入していたが、元禄年間には、綿や麻（扱《こぎ》苧《そ》・荒苧《あらそ》〔一四一頁〕）、塩、油などに運上を課して藩の収入源とした。

　また、宝永元年（一七〇四）には、五種類の藩札（銀札）を発行し、正金銀（実物の金銀）の流通を禁止した。藩札の最も古い例は福山藩の寛永七年（一六三〇）で、その後、諸藩でも発行したが、広島藩は比較的遅い方であった。

　さらに、綱長治世の末期、宝永四年八月には上納米制度★という新たな年貢の納入制度を導入し、五万石の増収を見込んだといわれるが、反対する百姓が世羅《せら》郡をはじめ諸郡から城下に押し寄せて廃止を迫ったため、宝永五年春にやむを得ず撤回した。

**▼運上**
江戸時代、商工業や林業、漁業、運送業などに課せられた営業税。

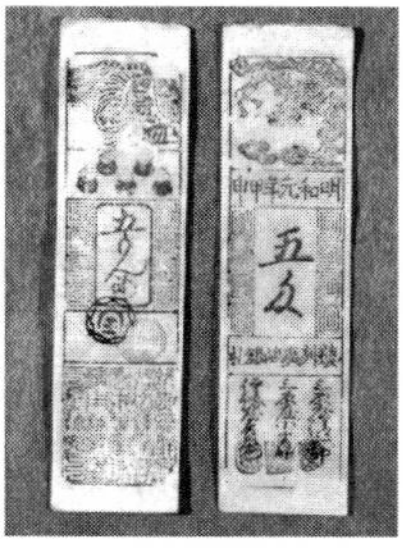
明和5年（1764）の広島藩の藩札（五匁札）（竹内家文書　広島県立文書館蔵・写真提供）

**▼上納米制度**
他の諸税を免除する代わりに、年貢を従来の五〜一〇パーセント増しで、銀ではなく現物の米で収めるようにした制度。

# 町方・在方・浦方

広島藩をはじめ江戸時代の藩の領域は大きく分けて町奉行が管轄する町方《まちかた》と、郡奉行が管轄する在方《ざいかた》に区別されていた。村は郡の中にあり、在方に含まれる。ここでは、江戸時代前期を中心に、町と村の統治について概観する。

まずは、町についてみていきたい。町は、大きく町方の「町」と、在方の「在町」、「在郷市」の三つに区分できる（下図）。

町奉行が管轄した「町方」は最も格式の高い「町」であり、町人が暮らしていた。藩内の町方は城下町広島、それに準ずる三次、三原、そして門前町で港町でもあった宮島《みやじま》と尾道の五町であった。城下町広島は、藩内の市場の頂点に位置して、藩経済の要の役割を担っており、その他の町は、瀬戸内海沿岸部や内陸部の交通の要衝として諸国と藩を結ぶ中継商業の機能を備えていた。

「在町」は、村と同じく郡奉行の支配を受けた。中世以来の市場《いちば》の機能を持つ地域などを藩が公認したものである。在町では地域の有力者を町年寄など町役人に任命、代官の指揮の下で村の行政とは別に、町の運営に当たらせた。安芸国に十五（小方・廿日市《はつかいち》・草津《くさつ》〔佐伯《さえき》郡〕、海田《かいた》・三之瀬《さんのせ》〔安芸郡〕、可部《かべ》〔高宮郡〕、吉田〔高田郡〕、四日市《よっかいち》・白市《しらいち》・三津《みつ》・竹原下市《たけはらしもいち》〔賀茂《かも》郡〕、本郷《ほんごう》・忠海《ただのうみ》・御手洗《みたらい》・瀬戸田《せとだ》〔豊

広島藩　町の分類

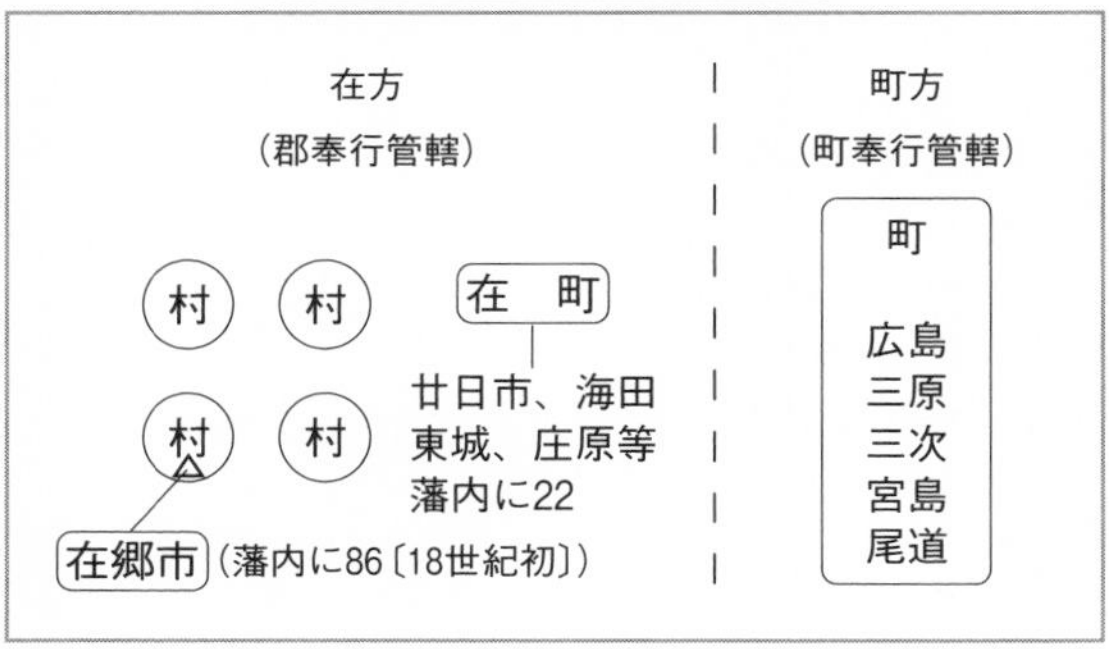

田郡〕）、備後国に七（甲山《こうざん》〔世羅郡〕、吉舎《きさ》・三良坂市《みらさかいち》〔三谿《みたに》郡〕、東城・西城《さいじょう》〔奴可《ぬか》郡〕、庄原《しょうはら》〔三上郡〕、比和《ひわ》〔恵蘇《えそ》郡〕）の計二二カ所にあったが、一〇町以上で構成されるものから一町のみのものまで、規模は様々であった。

在町は、港町や街道沿いの宿駅の機能を持っていたため、船や陸路で運び込まれた諸国からの物産や藩の特産品が、集荷・販売される際の中継的な問屋業の機能を果たした。

「在郷市」は、村の中心地（本郷）などに成立した小規模な市場である。正徳年間（一七一一～一七一六）は安芸国に六一、備後国に二五の合せて八六の在郷市が成立していた。これらの在郷市は、村のほかの地域と同様、庄屋や組頭など村役人が管轄したという点で在町と異なっていた。在郷市は、村の経済的な中心で、市が立つ日にはそこに村人や近隣の数カ村の村人が生産物を持ち寄って交換したり、自給できない物資を商人から入手したりする場であった。また、商人や酒や味噌《みそ》・醤油《しょうゆ》などを作って販売する者、農具などを作ったり修理したりする鍛冶《かじ》屋《や》、染め物を扱う紺屋《こうや》など職人たちも加わって、次第に金融業なども行われるようにもなり、在郷市は、地方の商工業の中心的な地域となっていった。

江戸時代には、規模や流通範囲・商圏が異なる町・市場が、諸国と藩を結び、藩内を広域に、また狭い地域間を結ぶ経済的なネットワークを形成していた。

次に、村の様子を見てみたい。先述の町方を除く部分、つまり藩内のほとんどの領域が在方で、そのほとんどが村であった。村は、第一章でも述べた福島検地で成立した近世的な村落共同体を基盤とする。その後、浅野氏の「寛永・正保検地」の後、いくつかの村については、さらに分割され新たな村が誕生した。これを「村切り」といい、これによって広島藩での近世村が最終的に確立した。

芸備両国の場合、浅野氏藩領に限ってみると、福島検地の後には七〇〇カ村あったが、この時の「村切り」によって八三五カ村に増えている。村の規模も村高三千石以上が一村のみ（福島時代は二村）に減った一方で、百石〜一千石の村が八一パーセント（同、七七パーセント）を占め、福島時代と比べ、村の規模の平準化が図られたことがわかる。村落共同体でもある村という単位が、生活をする上でも適当な規模に再編成されたとみることもできよう。

ところで、藩には「在方」という広い領域を統治するために、郡奉行（民政のトップ）の下、二〜三郡を担当する役職として「郡廻り」を置いた。郡廻りは、担当する郡を実際に巡察して代官以下の仕事ぶりを調査して取り締まった。また、重要な仕事として、毎年の免《めん》（年貢率）を定める役目があった。

代官は、郡ごとに置かれ、現地の直接支配に当たった。代官は一つの郡に当初は数人、寛永期以降は二人が藩士の中から任命された。年貢の徴収や臨時の税の賦課、郡で行う普請（土木作業など）の指揮・監督を行った。代官は、常に現地にいたわけではなく、普段は城下で執務をしており、状況に応じて郡の代官屋敷に赴いて現地での事務処理を行っていた。その代官の下で、地域の有力な百姓が、庄屋などに任命された。

大庄屋は一万石に一人の割合で任命され、地域の監督・調停など地域を管理する仕事の他、代官や給人★への意見申し立てなど、藩と村々の間に立つ様々な役目があった。大庄屋について藩は、寛永十九年に任命を停止しているが、その後も大割庄屋などの呼称で存在していたようだ。名称や役割などは、江戸時代を通じて変わりながらも、地域の最有力者として地域で指導的な役割を果たした。なお、江戸時代を通じてこの立場を務める家もあれば、時代の流れの中で没落する家や新たに台頭した家もあった。

統治の末端としての役割を担ったのは、村役人であった。村役人は、村の指導者層で、庄屋と組頭を指す。庄屋は一村一人が原則だが、村の規模などの事情により複数が任命される場合もあった。組頭は村をいくつかに分けた「組」ごとに任命され、一村で数名がいる村もあった。ほかに村内の集落を単位として村人を代表した長百姓《おさびゃくしょう》がいた。庄屋・組頭・長百姓を村方三役《むらかたさんやく》と呼ぶ。

彼ら村役人の職務は、①藩の法令や通達を村人に伝え、守らせること、②年貢などの負担義務を村人たちに忠実に果たさせること、③村人の生活手段である土地の売買や質入の証文への裏書（内容証明）、村人の通行手形の申請、土地の境界争い、水や山の利用を巡る訴訟のほか村内のもめごとの仲裁・調停といった、共

▼給人
知行地で給料をもらう藩士。

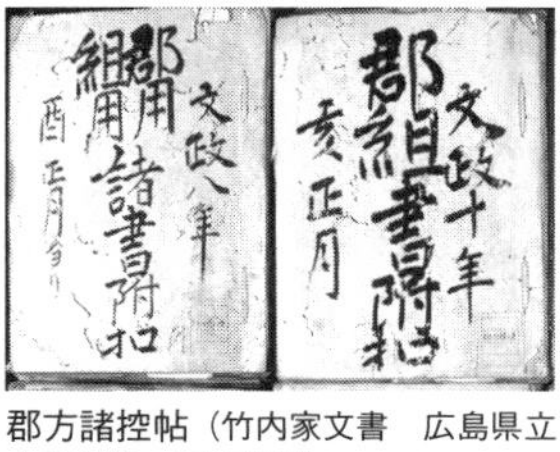
郡方諸控帖（竹内家文書　広島県立文書館蔵・写真提供）

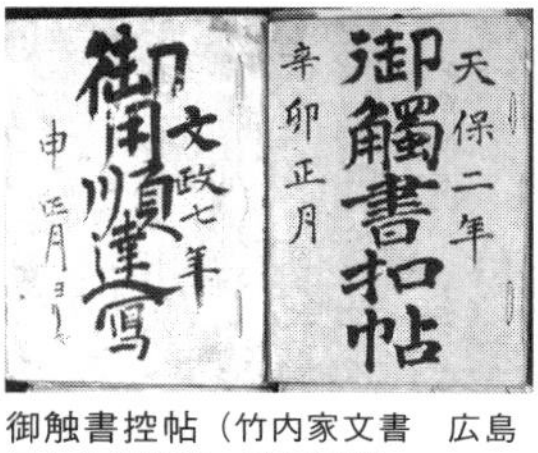

御触書控帖（竹内家文書　広島県立文書館蔵・写真提供）

右は藩からの通達の控え等を年別にまとめたつづりで、左は村から藩に届けた書類の控えを年別にまとめたもので、賀茂郡の割庄屋に伝わった史料。

同体としての村で暮らす人の生活に深く関わる業務も担っていた。

そして、町方・在方の末端での統治を確実にするために採用されたのが五人組の制度であった。幕府の直轄地では、寛永年間（一六二四〜一六四四）にキリシタン禁制や治安維持、年貢納入のために連帯責任を持たせる単位として制度化された。広島藩では、それまで十人組を組織していたが、慶安二年（一六四九）に農村だけでなく、町方、浦方で一斉に五人組の制を導入している。

最後に、港の統治・管理についても触れておきたい。瀬戸内海に面した広島藩は、福島時代にも港の管理・整備に力を入れていたが、浅野氏も同様であった。

町方となっていた厳島と尾道のほか六郡八四カ所を浦方★に指定、船奉行の支配下に置き、管理した。また、商業・交易の拠点港として「浦島船繋所」を藩内の十五カ所に設けた。これには町方・在町を含んでおり、例えば広島川口・尾道・厳島・蒲刈（下蒲刈）・竹原《たけはら》・倉橋《くらはし》の六カ所の港は、他国の船が寄港する領外交易地とした。さらに商品流通の拡大に伴って、廿日市浦、地之御前《じのごぜん》浦、玖波《くば》浦、小方浦（紙や楮《こうぞ》、木地《きじ》物、鉄などの積出港）、矢野《やの》浦、海田市浦、賀茂郡竹原浦、豊田郡生口《いくちじま》島、御調郡尾道浦（綿花、木綿、米、塩、薪や炭の積出港）を新たに港に指定、他国との交易地とした。さらに、船の帆の素材に木綿の帆布が採用され、航海技術も進歩した結果、航行速度が上がり、航路★にも変化が生じて、新たな港町が形成され繁栄した。その代表が大崎下島の御手洗港で、藩もこの港を重視した。

**▼浦方**
八四の浦方のうち、本浦が七一、それに附属する附浦が一三あった。藩は、領内を公用の船舶が航行する際の世話や接待のため、船を用意したが、船を操る船頭や水主（船員）は浦方から徴発した。その代わりに、藩は漁場を定めた上で、さらに優先的な漁業権を認めて定住させ、彼らの生活の安定を図った。

**▼変化した航路**
従来の航路は、風待ち・潮待ちの港に立ち寄る「地乗り」と呼ばれたが、十七世紀半ばから効率的な「沖乗り」航路を航行するようになった。次頁図参照。

このように、江戸時代の前期、光晟から綱長の治世までの間には、村や町、港などの統治の枠組が整備されていった。

## 太田川の舟運《しゅううん》

日本列島の他の地域と藩を結ぶ海運の整備は先に見たが、領内の地域間での物資や人の移動に不可欠だったのが河川交通（舟運）であった。領内には太田川水系、江《ごう》の川水系、沼田《ぬた》川水系などの河川があり、古来、地域の物流に活用されてきたが、江戸時代にはいっそう整備され、流通が活発になった（次頁図参照）。現在は姿を消した河川を行き交う舟運について、ここでは太田川を中心に紹介したい。

近世初頭、太田川の河口にある広島城と城下町建設のための資材の輸送に川船（川舟）が活躍した。福島氏も太田川などの水運に着目し、積極的な河川開削・舟運整備を行った。太田川水系では三篠《みささ》川を開削、太田川との合流地点に近い深川《ふかわ》に米倉を設置して水運の拠点とし、三篠川流域の年貢米を深川から広島城下へ船で輸送させた。その後、浅野氏に引き継がれ、さらに上流まで整備された。

河川の開削には、大量の労働力が必要で、藩は地元の人々を動員して整

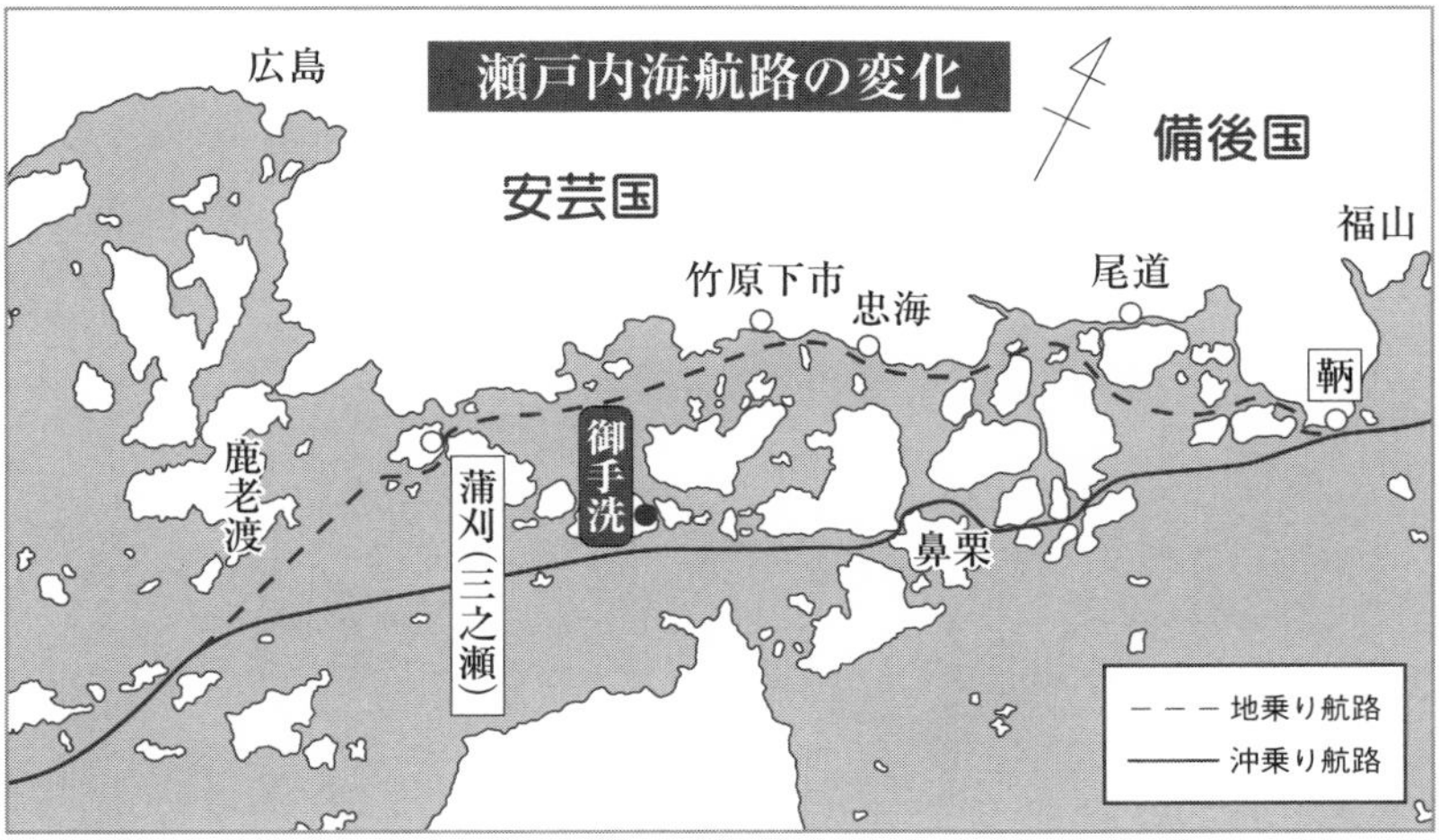

備を進めたが、それは米などの年貢を効率的に輸送することが第一の目的であった。一方で民間の利用は、藩の管理・統制下に置かれた。つまり藩が認めた船以外は通航できず、藩は毎年、船の稼ぎ高に応じて運上銀（営業税）を課した。藩は、元禄四年（一六九一）に船株を設定し、船株仲間★を認めた。

また、整備と併せて太田川・三篠川での舟運についての慣行や操業範囲を再確認し、河川利用のルール（「通船仕法」と呼ぶ）を確立した。例えば、三篠川での輸送では、深川《ふかわ》を中継地とし、ここを経由せずに広島城下に輸送することは禁じられた。深川の船主の権益を保護したことがわかる。同様の中継地点は三篠川流域のほかの地点にも存在していた。また、操業時期についても川の水が農業用水に使用される春や夏は禁止され、主に秋から春先までの、年貢米の輸送の時期に操業することとなった。

実際の操業の様子について元禄元年前後を例にとると、太田川水系を下って広島城下に荷下ろしした船は年平均のべ七七〇艘で、一艘当たり二一回往復している。積み荷別に見ると、全体の六割以上が炭舟で、紙舟が八パーセント、割鉄舟が七パーセントと続く。炭・紙・鉄は、いずれも領主的な物資であり、商人（民間）の荷物は一四パーセントに過ぎない。藩の河川

広島藩内の主な舟運と河川

整備の目的を反映している。

太田川流域で舟運の拠点として栄えた在町の可部《かべ》は、この元禄四年の船株設定の時に、従来どおり五〇艘と定められ、太田川水系中、最大規模であった。五〇艘という数は、可部に十二石積みの帆船を五〇艘係留できる「船入堀《ふないりぼり》」の整備と関連があるとみられる。そして、これ以降、舟運の中継基地として可部の役割はさらに大きくなり、可部町も発展した。吉田（安芸高田市）から山陰に抜ける街道（雲石《うんせき》往還）の整備に伴って、吉田から可部に物資が流れるようになり、物流拠点として重要度を増したことも可部の発展の一因であった。

実際に、江戸時代の後期には物流量が増加したことが川船数の変化からも読み取れる。享保年間（一七一六〜一七三六）と文政年間（一八一八〜一八三〇）を比較すると、三七〇艘から五三一艘へと一・四倍に増えた。これは江戸時代後期に、藩が領内各地に産業振興や特産品を奨励した動きとも重なる。また、経済発展を反映して荒荷《あらに》（商人の雑貨）など民間の物資が増加したことも要因であった。

舟運の発展には、単に船を整備する資本だけでなく、船の運航を支える労働力も必要であった（船のこぎ手、荷物の積下ろし、下流に下った船を引き上げる引き手など）。このような多くの労働者（浮過《うきすぎ》）の存在が物流を支えていた。

文政八年に成立した広島藩の地誌『芸藩通志』には村ごとの人口などデータとともに舟船数も記録されている。河川のある村には多くの舟船があり、この頃、

**▼株仲間**
幕府や藩が公認した同業組合で、株を持つ者のみが営業を許された。ここでは広島藩が公認した舟運の業者の組合で、株を持たない者は舟運業に参入できなかった。

太田川を往来する川船（『芸備孝義伝』より）
（平賀家文書　広島県立文書館寄託・写真提供）

太田川水系以外でも舟運が盛んであった様子がわかる。

ところで、太田川水系は広島藩領内で完結していたが、当然、他国と接続する水系もあった。日本海に注ぐ江の川と、備中国に流れる東城川が代表的である。江の川水系は、広島藩領内では、三次を結節点として西からの可愛《えの》川、東からの西城《さいじょう》川、南からの馬洗《ばせん》川の舟運が地域の重要な輸送手段であった。そして江の川の舟運は、江戸時代後期には、石見国との物資輸送の重要な手段となった。

一方の東城川の舟運は、十八世紀後半に、備中の人々が高梁《たかはし》川に接続する水路を開いたことに始まる。広島藩は、東城川から備中方面への船に対して、必ず東城町で荷改めを行って、藩の専売品（鉄・紙・材木など）の積み出しを禁止し、抜け荷をチェックする番所を久代《くしろ》村に設置するなど、厳しい統制を加えた。

このように近世に飛躍的に整備された地域を結ぶ舟運は、明治以降の近代にも物資輸送のインフラとして引き継がれた。明治二年（一八六九）に藩の支配統制が廃止、株仲間は解散となって自由営業制とされたことがきっかけで、その後さらに発展した。近代になると川船輸送は、民間での船掟にのっとって営業されたが、その基礎には、近世以来のルール（「通船仕法」）があった。

なお、明治以降も発展を見せた舟運はその後、上流にダムが建設され水量が減少したことや、鉄道や道路など近代的な交通網の発達に伴って衰退し、太田川の川船も上流域からの通船は大正～昭和に入った頃、姿を消した。

大正期の太田川の舟運
（個人蔵　広島市郷土資料館・写真提供）

# ③ 三次藩

武断政治といわれた三代将軍家光の頃までに、世継ぎがないことで改易となる大名家が跡を絶たなかった。広島藩は、幕府の意向に従い山間部の要地三次に分家の支藩を立藩し、本家の安定的な相続に備えた。しかしながら、三次藩の経営は多くの困難に直面することになった。

## 三次藩の成立

寛永九年（一六三二）に浅野氏の広島藩初代藩主長晟が亡くなり、光晟が二代藩主に就任したのを機に、幕府の意向で三次《みよし》に浅野家の分家の藩が新設された。藩主は光晟の異母兄長治《ながはる》で、三次藩は、当初十七歳の広島藩主光晟の補佐役と、将来本家に跡継ぎが不在の場合に世継ぎを輩出する役割を担った。

藩域は備後国北部の三次・恵蘇《えそ》両郡と、飛び地として上甲立《こうたち》村（高田《たかた》郡）、賀茂《かも》村（世羅郡）、仁野《にの》（御調《みつぎ》郡）、瀬戸内沿岸の草津・草津後田《くさつうしろだ》村（佐西郡）、忠海《ただのうみ》村（豊田郡）、吉和村（御調郡）があり、石高は五万石であった。

藩府三次の地は、かつて福島時代に尾関山《おぜきやま》城が整備され、浅野長晟も藩内統治の拠点のひとつと捉えていた交通の要衝であった。藩主長治は、北に山、ほか三方が川に囲まれた現在の三次町を城地に選定し、城及び城下町の整備を行った。現在、町には頼杏坪《らいきょうへい》役宅（広島県指定史跡）があるが、城があったのはこの場所で、当時の絵図には「御屋形《おやかた》」などと記された。その周辺はほとんどが武家屋敷で、町の東端の西城川に沿った辺りが町人地となっていた。

さて、三次藩は、設立の経緯からも、広島の本藩から全面的に自立していたわけではなく、本藩からの政治的な介入も大きかったようである。しかしその一方で、独立した大名家であったため、江戸城の石垣の天下普請も務め、元禄十一年（一六九八）の水野氏改易★の際には福山城の請取りも行っている。参勤交代や天下普請など、大名家としての務めに伴う支出は藩にとって大きな負担であった。

## 藩政改革

三次藩初代藩主長治の治世は四十二年と長く、藩の歴史の前半期に当たる。立藩当初、五四人であった家臣団は、藩政の実務を整備する中で、長治の後半期から二代長照《ながてる》の頃には三〇六人にまで増加していた。

藩領のほとんどが山間の寒冷地で、稲作にとって肥沃な土地柄ではなかった。天下普請なども財政を圧迫して次第に藩財政は傾き、上方の商人からの借金も膨《ふく》れ上がり、家臣も窮乏していった。長照と次の長澄《ながずみ》が藩主に就任する際に、合わ

鳳源寺（三次市）
三次浅野氏の菩提寺

▼水野氏改易
水野氏は、浅野氏とともに福島氏の跡、備後国に入り、福山を拠点にした譜代大名であった（初代藩主水野勝成は徳川家康の従兄弟に当たる）が、第五代藩主水野勝岑（かつみね）後、跡継ぎがいなかったため、元禄十一年（一六九八）に改易となった。

せて約四〇人を広島本藩預けとする人員整理を行って七千石近くの知行高を捻出している。そしてついに長澄は、本格的な財政改革に着手した。

この頃、他藩でも財政の立て直しを行っており、諸藩に資金を融通していた京・大坂の豪商と結び付いて諸藩の財政再建を担当する人々（勘者《かんじゃ》）が活動していたが、三次藩でも勘者を招いた。

三次藩は元禄八年（一六九五）に勘者十川《そがわ》作太夫に財政再建を依頼したが「不審」として翌年に罷免、元禄十二年に松波勘十郎《まつなみかんじゅうろう》を招いた。彼は、旗本領や大和郡山藩《やまとこおりやま》、高槻藩《たかつき》などで実績があり、当時最も有名な勘者の一人であった。

松波の改革は三カ年計画で、次のようなものであった。

まず家臣の借入を精算した。藩からの借入は返済を免除し、藩の仲介で京・大坂の商人から借りた分は、藩が低い利息で肩代わりした。

一方、地方知行《じかたちぎょう》の家臣も、蔵米取《くらまいどり》★に改めた。しかも、給料は米や銀ではなく、藩札とした。これにより藩は、領内の年貢米をすべて大坂で販売することができ、藩の収入増につなげたが、これは、藩主や家臣の負債を棒引きする代償に債権者（上方の商人）が藩に要求して実現したものと理解されている。

次に、正徳二年（一七一二）、領民に対する改革も行った。大きく二点あり、年貢率の引き上げと特産品の鉄や紙の専売（鉄座・紙座の設置）であった。そのために村々への統治（地方《じかた》支配）を強化している。その中で、地域の諸事情に精通し

## 三次藩浅野家略系図

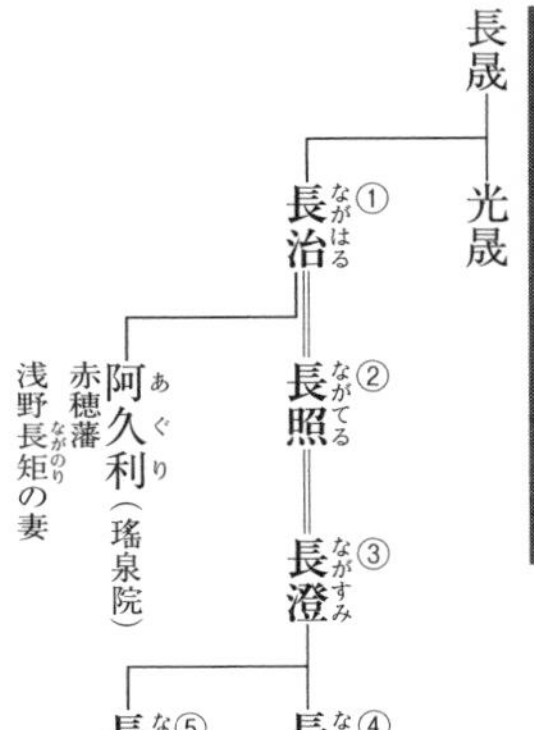


▼蔵米取
藩に収められた米を給与として与えられる形態。切米取ともいわれる。現物の米ではなく、米の切手（預かり証）を与えられる場合もあった。

た地元の有力百姓を、新設の「所務役人」に任命して改革を押しすすめた。

　また、藩は元禄十二年（一六九九）藩札を発行し、領内では原則として銀貨の使用を禁止、藩札を流通させることとした。しかし、藩札の信用度は低く、偽札が出回って混乱を引き起こすなど、藩の思惑どおりには進まず、この通貨政策は完全に失敗であった。

　結局、当初計画していた三年が過ぎても藩財政は好転せず、改革は家臣・領民からも支持されなかったため、元禄十五年、藩は松波を罷免し、改革中止を宣言した。ただし、所務役人制や紙座・鉄座は存続した。

　このように藩財政に苦慮した三次藩ではあるが、飛び地の草津、忠海《ただのうみ》、吉和《よしわ》を活用して、沿岸地域の特色を生かした特産品作りなど殖産興業に力を注ぎ、藩の収入増を目指した。この三カ所は、瀬戸内海に面した港で、三次藩の大坂への年貢・特産品の積出港として活用されていたが、それだけでなく、例えば広島湾の西にある草津では、牡蠣《かき》の養殖を行い、大坂で販売している（一五四頁）。また尾道の西の吉和では、元禄九年～正徳五年（一七一五）頃に塩田を築いている。今でも尾道の名物である「鯛の浜焼★」も、吉和の特産品として三次藩時代に作られるようになったという。

鯛の浜焼（備後茶量・写真提供）

▼鯛の浜焼
鯛を塩の中で蒸し焼きにする料理。

## 百姓一揆と三次藩の終焉

藩は改革中止後も、紙と鉄の専売制は続け、さらに正徳二年（一七一二）、鉄山を藩直営とした。これに対し、鉄山で働く領民が反発して藩に訴え出た。

彼らは、鉄奉行を兼務した郡奉行吉田孫兵衛や所務役人・庄屋らの罷免を要求した。藩はやむなく吉田以外の役人を更迭《こうてつ》したが、鉄山は藩営とし、領民は鉄山での労働を余儀なくされたため、農業生産も十分でない状態が続いていた。

そのような中、享保二年（一七一七）の夏は日照りが続き、その後の長雨で農作物は凶作であった。しかし、藩は年貢率七割以上という厳しい取り立てを行った。その頃、数年前に藩主が阿部氏に交代したばかりの福山藩で、全藩一揆★が起こっていて、藩側に要求をのませることに成功していた。

この一揆に関する情報と作戦を入手した恵蘇郡山《やま》之《の》内《うち》組（現在の庄原市山内町）の百姓一四〇〇人が、享保三年一月にまず立ち上がり、藩庁のある三次町を目指して出発した。道中、領民の参加を促し、最終的に三次町の対岸に着いた時点で、総勢六〇〇〇人であったという。一揆参加者は、藩の手先として年貢を取り立てた所務役人・庄屋や、藩に協力する商人をねらって打ちこわしを行った。そして一揆勢は藩の重役との交渉を求めた。

▼**全藩一揆**
百姓一揆のうち、藩全域の規模の一揆。十八世紀以降、各地で起こるようになった。

一揆勢は、吉田が百姓に課した同じ条件で税を完済できるか、吉田に百姓の体験をさせて完済できたら一揆勢が獄門に、無理なら吉田を獄門にと主張した。ほかにも税の軽減（年貢率を初代長治時代にもどすこと）、所務役人制などの廃止、紙・鉄の専売による百姓側の損分の補償、鉄山の藩営の廃止、困窮した農民への米や銀の貸与などを要求した。

二月三日、藩は、一揆勢の要求を受入れると回答し、一揆は解散してそれぞれ村に戻った。その後、三月になって郡奉行から一揆に対する正式な回答が出され、専売や藩営鉄山以外は、一揆の要求を受入れた。標的とされた吉田孫兵衛は改易となり、彼の配下の役人もすべて罷免された。

一方で、藩は一揆の中心人物を探索し、同年十二月に七人を逮捕、翌日に獄門に処した。百姓一揆は勝利を収めつつも、その一方で大きな犠牲を払った。

一揆後の享保三年八月に藩主長澄が亡くなった。第四代藩主は、長男で十二歳の長経《ながつね》であったが、七カ月後に死去、享保四年に一旦、三次藩は廃藩となり、所領は広島藩に還付された。そのあと広島藩は、長経の弟で十歳の長寔《ながざね》に五万石を再び分知したが、彼も在任八カ月で亡くなり、遺領は再び本藩に還付された。寛永九年（一六三二）に成立した三次藩は、こうして八十七年の歴史に幕を閉じた（ただし、三次在住の旧家臣は、三次在住のまま広島藩士となった。彼らが広島に移住するのは、宝暦八年〈一七五八〉であった）。

# ④ 大名の文化　庶民の文化

福島氏、浅野氏と相次いだ芸備への入封は、この地域にこれまでにない新たな文化を持ち込んだ。その代表的存在が上田宗箇（重安）である。また、宮島では歌舞伎など庶民文化が花開いた。そのほか、現在も各地に残る祭にはその地域で育まれた伝統が受け継がれている。

## 上田宗箇と茶道

浅野氏の入封に伴い文化にも新風が吹いた。それを体現した人物が上田宗箇《そうこ》（重安）であった。上田宗箇は永禄六年（一五六三）、織田信長の重臣丹羽長秀の家臣の子として尾張国に生まれて、秀吉に抜擢され、彼の側近になった。

また秀吉の小田原攻めののち、秀吉の正妻おね（北政所）の従妹を妻に迎えた。浅野長政の妻はおねの妹なので、宗箇は浅野家とも親戚関係となった。さらに、文禄三年（一五九四）には豊臣姓を許されるなど、秀吉に重用された。

この頃に千利休《せんのりきゅう》に茶を学び、利休死後は彼の門人古田織部《ふるたおりべ》や小堀遠州《こぼりえんしゅう》とも親交を深めた。関ヶ原の戦いでは西軍に付いたが、戦況の不利を知って逃れ、蜂須賀家政《はちすかいえまさ》を頼って阿波国に移った。宗箇を名乗ったのは関ヶ原以降という。宗箇は作庭家としても知られ、この時期には徳島城表御殿庭園を造っている。その後、妻の親戚である和歌山藩主浅野幸長に招かれ紀伊国に移った。浅野家移封に伴って広島に入り、小方《おがた》一万七千石の家老として処遇された。

広島での宗箇は、藩主長晟の命で浅野家の別邸として泉邸《せんてい》（縮景園《しゅっけいえん》）の庭園を造り、隠居後は茶の湯三昧の晩年を送った。宗箇の茶は、武将らしい豪放さと漢学の素養に包まれた「武家の茶」として現代に受け継がれ、浅野氏の入封をきっかけとする当地の庭園や茶の湯の文化は、現代まで継承されている。

## 大名庭園　縮景園

上田宗箇が作庭した縮景園は、当時は、主に泉邸《せんてい》、御泉水《おせんすい》と呼ばれていた。

作庭の開始は元和六年（一六二〇）で、浅野長晟が広島に入城した翌年であった。縮景園の名称は、二代藩主光晟が幕府の儒学者林羅山《はやしらざん》★に求めた漢詩の序文に「海山をその地に縮め、風景をこの楼に聚《あつ》む」とあったことに由来するとも、中国杭州《こうしゅう》の名勝西湖《さいこ》の景観を縮小して作庭したからともいわれる。

五代藩主吉長《よしなが》は正徳三年（一七一三）、園内に稲荷神社を祀って築山《つきやま》などに名称を付け、藩の儒学者堀南湖《ほりなんこ》は「縮景園記」を著した。だが、宝暦八年（一七五八）の大火で園内の建物や樹木の多くが焼失した。園の復旧は二年後に始まった。

▼林羅山
一五八三―一六五七。京都の人で藤原惺窩（せいか）に朱子学を学び、徳川家康の信任を得て将軍家に仕え、幕府の外交文書や諸法度の起草を行った。子孫は代々幕府儒官となり林家（りんけ）と呼ばれた。

その後、七代藩主重晟《しげあきら》は、京都から庭師清水七郎右衛門を招いて、大規模な改修を行った。この改修で、中国風の太鼓橋《たいこばし》が建設されるなど庭園は現在の姿となった。園の中央に配された池を南北に二分するこの石の太鼓橋は、縮景園のシンボル的な存在である（本章扉の写真）。藩主を退いた重晟は続く文化元年（一八〇四）に藩の儒学者頼春水《らいしゅんすい》、藩士で画の名手岡岷山《おかみんざん》らに命じて、この太鼓橋を含む園内の三四カ所に名称を付けた。太鼓橋は「跨虹橋《ここうきょう》」と命名された。今日の縮景園は上田宗箇の庭園を基礎として、重晟の時代に完成したといえる。

なお、江戸時代の縮景園は、城下を流れる神田川（現在の京橋川）や北の双葉山などの景観を取り込んだ借景庭園でもあったが、その点については、現在の広島の都市化によって損なわれてしまった感がある。

明治以降、縮景園は浅野家の庭園として管理されていた。明治二十七年（一八九四）の日清戦争で、国会など政治機能が広島に移された際には、広島城に大本営、縮景園に副大本営が置かれ、園内の清明館は明治天皇の居所とされた。

その後、大正二年（一九一三）に一般公開が始まり、園内に浅野家ゆかりの美術品などを陳列する観古館《かんこかん》を開設。昭和十五年（一九四〇）に園は浅野家から広島県に寄附され、国の名勝に指定された。指定理由では「江戸時代に発達せる大名庭の一にして、よく旧態を保存せる名園」とうたっている。

しかしながら五年後の原爆によって、大きな被害を受けた。濯纓池《たくえいち》や築山、跨

棋福山（縮景園）

清明館（縮景園）

虹橋などは損傷を受けつつも旧状をとどめたのに対し、他の建物は一瞬のうちに廃墟となり、樹木も焼失した。復旧工事は昭和二十四年から始まり、園の公開はその二年後に再開された（復旧は昭和六十一年完了）。

最後に、縮景園修理に携わった京都の庭師清水七郎右衛門が広島に残した庭園を紹介したい。七郎右衛門は尾道の出身で、縮景園作庭をきっかけに、地方でも庭園を造った。現在、安芸太田町加計《かけ》の吉水《よしみず》園と安芸高田市八千代町の滄浪《そうろう》園の二カ所が知られており、七郎右衛門はこれらの改修を行った。吉水園は、加計鉄山を経営した佐々木家（隅屋）の庭園で、縮景園と同じ回遊式の庭園である。滄浪園は地域の豪農岡崎家（沖野屋）の庭園で、戦後、広島県指定名勝となったが、ダム建設に伴い現在の土師《はじ》民俗資料館前に移転された（指定は解除）。

現在の滄浪園（安芸高田市八千代町）

## 宮島の庶民文化

江戸時代を通じて、広島藩領内の娯楽の中心的な町は宮島だった。中世以来宮島は、嚴島神社の門前町として、また、瀬戸内海航路の主要な寄港地のひとつとして様々な人や物が行き交う港町であり、嚴島神社は中世においては各地に所領を持つ領主でもあった。福島氏入封後は神社の所領は没収されたものの、港町としての繁栄は江戸時代以降も継続し、藩は、宮島を「町方」と位置付け、町奉行の支配下に置いた。

さて、近世の宮島は、年に四度の神社の祭礼に伴う市（四季の市立て）で大いに賑わった。さらに広島城下から娼家が移転し宮島遊郭が成立すると、瀬戸内有数の歓楽地として独特の娯楽文化が発展した。

宮島は広島藩の芸能文化の中心的な存在となり、中でも「宮島芝居」はとくに注目される。宮島芝居の始期ははっきりしないが、江戸初期の松本山雪筆「宮嶋図屏風」には人形芝居の様子が描かれ、天和二年（一六八二）刊の井原西鶴著『好色一代男』にも宮島への旅興行の歌舞伎芝居について書かれている。当初は仮小屋での芝居であったが、そのうちに嚴島神社の裏手に常設小屋が作られた。

十九世紀に入ると、大坂や江戸で人気を博した歌舞伎の来演が恒例化する。大坂・江戸で発展した庶民芸能の代表ともいえる歌舞伎を地方に広める拠点となった。ほかにも人形浄瑠璃《じょうるり》、籠《かご》細工、水芸、操り人形、子ども芝居、芸子芝居、地芝居なども行われ、瀬戸内西部地域の芸能文化の中心地でもあった。

娯楽と嚴島神社への参拝、日本三景のひとつとされた景勝は、江戸時代後期の旅行ブームの中で評判が広まり、全国から多くの人々が訪れた。多くの文学作品や紀行文でも紹介されている。全国各地の名所番付「日本名所旧跡行脚数望」では「安芸宮島」が小結、全国の芝居興行地の番付「諸国芝居繁栄数望」では「芸州宮島市」が前頭五枚目に見え、全国有数の観光名所として知られていた。

**宮島の南蛮人**「厳島図屏風」（部分）（守屋壽コレクション　広島県立歴史博物館蔵・写真提供）
戦国時代に日本で活躍した有名なイエズス会の宣教師ヴァリニャーノは、宮島に立ち寄った。本図には、南蛮人とおぼしき一行が描かれている。

**口上錦絵**
（廿日市市宮島歴史民俗資料館蔵）

# 広島の祭

広島県内各地には、江戸時代から続く祭が伝わる。その中で広島城下のとうかさん、えべっさん、通り御祭礼、宮島の管絃祭、東城のお通しを紹介する。

まずは広島城下の祭から見ていこう。「とうかさん」は浴衣《ゆかた》の着初《きぞ》めの祭としても親しまれており、広島の初夏を彩る風物詩である。祭の名称は、広島市中区三川町にある日蓮宗の圓隆寺《えんりゅうじ》境内の稲荷《いなり》大明神の祭であることに由来している（稲荷を「とうか」と読む事例は東北地方などに多いという）。現在、毎年六月八〜十日の三日間行われるが、かつては旧暦の五月四日と五日であった。新暦では六月十日前後になるので、「とうかさん」にちなんで六月十日の開催になったという。

とうかさんは御祓《はら》いは行わず、しめ縄は社には祭の前日に張るが、町内には張らない。供物の準備を含め祭の運営は同寺が仕切っている。

ところで、広島地方は浄土真宗の寺院は多い一方、日蓮宗寺院は少ない。その中で広島城下のほとんどの日蓮宗寺院が境内に鎮守社を持つという特色がある。圓隆寺以外にも、かつては妙法寺の瘡守《かさもり》さんなど戦前まで賑わった祭礼があった。

「えべっさん」はえびすさんがなまったもので胡子講《えびすこう》とも呼ばれるが、正式には「胡子大祭」という。広島市の中心部の胡《えびす》町にある胡（胡子）神社（江戸時代

とうかさん（圓隆寺）（広島市）

とうかさん（圓隆寺・写真提供）

には胡堂と呼んだ）の祭礼である。広島城下で商人層の信仰を集めて以来、広島の商人の守り神として今日に至っている。

かつては旧暦の十月十八日〜二十日まで行われていたが、現在は新暦の十一月十七日から行われる。旧胡町の氏子たちが供物を供え、運営に当たっている。「とうかさん」同様に、神輿《みこし》やだんじり、山車《だし》の類いが出ないのも特徴である（三百六十年祭の時には神輿が担がれた）。商人の祭らしく「誓文払い」（商売上の約束事を取り払う＝安売をする）という商人の風習が祭に持ち込まれているのも興味深い。そして、この祭に欠かせないのが、「こまざらえ」と呼ばれる商売繁盛の縁起物である。まさに商都広島を象徴する祭といえる。

このような毎年開催される祭の他、広島城下で五十年に一度、盛大に行われてきた祭に、広島東照宮の「大御祭礼」（または「通り御祭礼」）がある。平成二十七年（二〇一五）に二百年ぶりの復活で話題になった。広島東照宮（尾長東照宮）は、徳川家康の三女振姫《ふりひめ》を母に持つ二代藩主光晟《みつあきら》（家康の外孫）が、慶安元年（一六四八）に広島の尾長村に創建したもので、京都から大勢の工匠を呼び寄せて三年の歳月をかけて造営し、家康の三十三回忌に竣工した。

祭礼で担がれる巨大な神輿は「二百貫神輿」と呼ばれ、製作は東照宮の造営時期と同じ頃とされる。檜材に黒漆と金梨地《きんなしじ》塗《ぬ》りによる華麗な神輿で、原爆の被害からも免れて、平成二十七年の祭礼時にも担がれた。

えべっさん（胡子神社・写真提供）

胡子神社（広島市）

祭礼は、家康の三十三回忌の慶安三年（一六五〇）に行われて以後家康の没後五十年ごとに行われた。江戸時代の祭の様子は、文化十二年（一八一五）（四回目の祭礼）の際に刊行された「東照宮御祭礼略図絵」に紹介され、詳細は広島城下の地誌『知新集《ちしんしゅう》』に記されている。なお、その後は慶応元年（一八六五）には長州出兵の混乱、その次の大正四年（一九一五）には第一次世界大戦、次の昭和四十年（一九六五）も原爆被害からの復興途上のためなどその時々の事情で長く開催されなかったが、平成十年に広島東照宮創建三百五十年祭として復活した。そして平成二十七年、家康没後四百年の年に五十年ごとの行事としては五回目となり、また初の民間開催の祭礼として盛大に執り行われた。

広島城下の祭ではないが、広島城下からも大勢が参加した大きな祭がある。毎年旧暦六月十七日に開催される日本三大船神事のひとつ、宮島の管絃祭がそれで、現在でも広島県内で最も壮麗な祭のひとつである。管絃祭は、平清盛が創始したと伝えられ、中世の大内氏の時代にも盛大に行われていたことが知られている。

祭では御祭神を乗せた管絃を奏でる御座船（管絃船）が、嚴島神社本社↓地御《じご》前《ぜん》神社↓長浜《ながはま》恵美須《えびす》神社↓客人社《まろうどしゃ》↓大元《おおもと》社↓本社と回遊するが、江戸時代を通じて祭の様子は次第に変わっていった。

例えば、御座船は、宝暦年間（一七五一～一七六四）に倉橋島本浦の善右衛門が新造船を献じて以来、毎年この家から供したという。

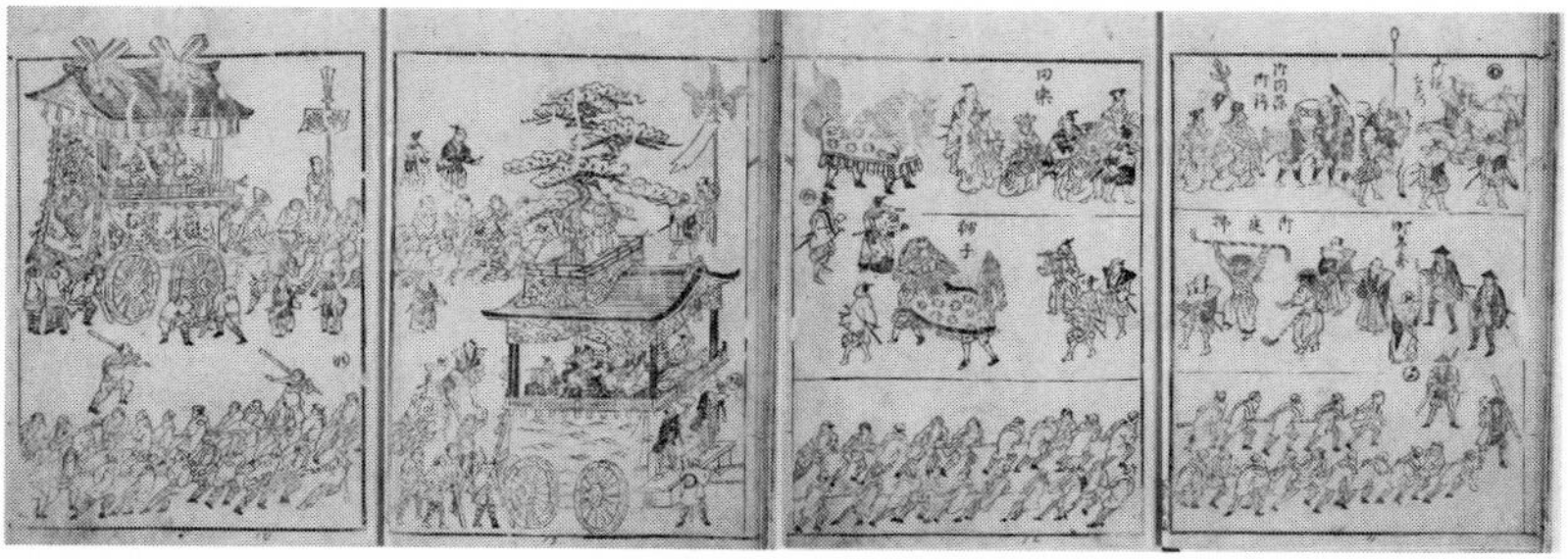

**東照宮御祭礼略図絵（広島市立中央図書館蔵）**
文化12年（1815）の祭礼に先立って広島城下で刊行された。

また、御座船を曳舟《ひきふね》が曳航《えいこう》するのも変更点であった。もとは御座船が自力で航行していたが、元禄十四年（一七〇一）の祭の際、地御前から長浜恵美須神社に向かう途中、激しい風雨のため動けなくなり、江波《えば》の古川屋伝蔵の伝馬船《てんません》と賀茂郡阿賀《あが》村の岡野喜右衛門らの鯛網船二艘が御座船を助けたことがきっかけで、それ以来、江波の船一艘と阿賀の船二艘が御座船を曳航するようになった。

さらに御座船の救助時、大鳥居付近に停泊していた江田島甲浦《こうのうら》の田頭《たがしら》一族が提灯（松明《たいまつ》とも）を灯して大鳥居の位置を照らしたことから、管絃祭の時、この田頭家が灯籠の火を入れることになった。

そして、この御座船に随行するのが御供船《おともんぶね》で、正徳元年（一七一一）に広島城下の紙屋町の釣灯《ちょうちん》屋市兵衛が神船の雨具を献じて供をしたのに始まる。以後、広島の各町は、それぞれ名目を付けて御供船を出すようになった。これらの御供船は、管絃祭前日夕方までに広島の本川に集まり、夜半に一斉に宮島に向かった。

江戸時代にはその勇壮な姿を見ようと大勢の人々が御供船の出発の様子を見物しに集まり、時には橋の崩落事故がおこるほどであった。御供船の数も次第に増え、安永六年（一七七七）には五五艘が参加した。船の装飾は京都の祇園《ぎおん》祭の山《やま》鉾《ぼこ》にならいお囃子《はやし》も祇園囃子を真似たという。御座船が神前に参詣したのち、御供船は終日大鳥居付近を漕ぎ廻って賑やかし、翌日、広島に戻った。

次に備後国の北東の東城の祭を紹介する。川西八幡宮の大祭で、この神社は福島時代にこの地を治めた長尾隼人や東城浅野家の崇敬を受けていた。江戸時代以来、五日間行われたため「五日催し」と呼ばれ、湯立《ゆたて》神事や御旅の出発、御旅所（世直神社）での祭典が行われていた。その後、次第に規模が縮小して昭和後半期には三日間になり、最終日の「お通り」と呼ばれる行列は受け継がれた。

「お通り」は、慶長五年（一六〇〇）に芸備に入封した福島正則の家老長尾隼人がこの地に着任した際、東城の秋祭の祭礼行列に武者行列を加えたのが始まりとされる。武者行列に続く花で飾られた母衣《ほろ》を身にまとった行列が特色である。現在では地元のお通り保存振興会によって、「お通り」のみが毎年十一月に開催されている。

そのほか、芸北地域では、吉田の清《すが》神社の例祭の時に、神輿のお供としてくり出すだんじり屋台が、延宝二年（一六七四）に始まったものとして知られている。だんじり屋台は京都の祇園会の山鉾にならって作られている。

これも広島

# 江戸屋敷と大坂蔵屋敷

広島藩領の外の広島藩であり、藩にとって非常に重要な場所であったのが、江戸にあった浅野家の大名屋敷や大坂の蔵屋敷である。大名の江戸屋敷は、幕府から与えられ、一般には上屋敷と下屋敷がある。広島藩のような大藩は、中屋敷もあった。また蔵屋敷は江戸と大坂にあった。

◇上屋敷（江戸）

浅野家の上屋敷は、桜田門の近くの霞関、現在の総務省・国土交通省の建物がある場所にあった。上屋敷は、江戸城に最も近く藩主が住む場所であった。

参勤交代が制度化されて以降、藩主は国元と江戸を往き来するが、藩主の家族は、この上屋敷で暮らした。また、江戸における幕府や諸藩との連絡・調整を行う外交の場でもあった。浅野家の上屋敷には赤門があり、江戸の名所のひとつであった。江戸詰の藩士たちが暮らした長屋も、この上屋敷の敷地内にあった。広重の浮世絵にも描かれている。

◇中屋敷（江戸）

江戸城の外堀に面した赤坂の、現在赤坂サカス一帯にあった。中屋敷は、藩主の嗣子（世継ぎ）、もしくは隠居した前藩主の住居として利用された。上屋敷付近が火事になった際の、避難先としても利用された。

◇下屋敷（江戸）

青山の表参道、現在の表参道ヒルズの辺りにあった（二〇〇頁）。江戸時代の青山は江戸の町外れに当たり、他の大名家の下屋敷や町人の町屋、雑木林が広がる地域で、藩主の別邸として利用された。享保十五年（一七三〇）に、三次藩に代わって新たに設置された支藩を青山新田藩と呼ぶのは、この地に屋敷を構えたことに由来する。

◇蔵屋敷（江戸・大坂）

江戸の蔵屋敷は築地の卸売市場があった場所にあり、国元から運ばれた米穀類や調度品、物資を荷揚げして売りさばいていた。しかし、幕末の元治元年（一八六四）には、一時期幕府の軍艦操練所となった。

全国から米や特産物が集まる流通の拠点であった「天下の台所」大坂の広島藩蔵屋敷は、水運の便が良く諸藩の蔵屋敷が集中していた中之島にあった。現在の大阪市立科学館・国立国際美術館の北側になる。敷地は四〇〇〇坪で、福岡藩、熊本藩、長州藩とともに「四蔵」と呼ばれていた。国許から運び込まれた年間八万石（一二〇〇〇トン）に及ぶ米や様々な物産（蔵物）が、蔵元である鴻池善右衛門によって入札で仲買人たちに売られた。

この広大な蔵屋敷のうち一部が、平成七年（一九九五）から大阪市教育委員会と財団法人大阪市文化財協会によって発掘調査された。船入跡の調査では、荷物に付けられた木簡が四〇〇点以上、ヨーロッパの陶器や清朝の磁器も出土している。

これも広島

# 発掘調査にみる街道と町

近年の県内の発掘調査で江戸時代の街道や街の様子がわかってきた。山陽道の一里塚と町屋跡の調査成果を紹介する。

## ①日向《ひゅうが》一里塚

平成十二～十四年（二〇〇〇～〇二）にかけて、広島県教育事業団が近世山陽道の一部を発掘調査した。山陽道の宿駅のひとつ四日市（現在のJR西条駅付近）から約六キロメートル東に位置する、日向一里塚とその周辺で、発掘調査の知見からいくつかの興味深いことが確認された。

まず、一里塚は道の南北にあり、山の高い側（北側）の塚は残存が良好で直径六メートル余りの円形の盛り土で作られており、周囲に貼り石を巡らしていた。南北の塚の間、つまり山陽道の道幅は、二間半（四・五メートル）であった。その一方で、一里塚から離れたところでは、道幅は一定せず、狭いところでは二メートル余りであった。また、これは発掘調査以前に知られていたことだが、一里ごとに置くとされた一里塚は、厳密に一里を測って設置されたものではなかった。

日向一里塚（北塚）検出状況
中央の平坦な部分が西国街道。
（（公財）広島県教育事業団撮影　広島県立埋蔵文化財センター写真提供）

ところで、近世の山陽道が整備されたのは、寛永十年（一六三三）に幕府の巡検使が全国に派遣されたことがきっかけで、山陽道（西国街道）は道幅二間半と定められた。道路の維持管理は街道沿いの地元の役割であったが、時代とともに管理が行き届かない実情があったようで、享保二年（一七一七）には一里塚の破損箇所についての藩から修繕指示が出されている。

「賀茂郡往還筋景色絵図」にみる日向一里塚（竹内家文書　広島県立文書館蔵・写真提供）

さらに、天保九年（一八三八）には、幕府巡検使が通行するので道の修繕をするように、との触書が出されている。興味深いのは、その中で、道端に作付けをしたり竹や木を植えたり石垣などを造って道幅を狭めたりして道幅が規定より狭い実態が多くあることに言及している点で、触書では従来の道幅に作り直して竹や木などは伐採するよう指示しているが、作物を急に取り除いたら作人が困るだろうから、彼らをよく諭すように、と指示している。

このことは、当初は原則どおり二間半であった道幅が、次第に周辺の領民によって二次利用され、道幅が狭まっていた事実を示しており、今回の調査でも一里塚の周辺を除いて道幅が二間半より狭かったのもこのような実態を反映したものかも知れない。

## 廿日市町屋跡

宮島との関わりの中で中世に市が成立して以来、町が形成され、江戸時代には西国街道沿いの在町として栄えた廿日市では、町屋があった市街中心部で数度にわたり発掘調査が実施された。その中で、調査面積が九〇〇平方メートルと最も広く、堆積も良好で多くの知見が得られたのが平成九年の調査であった。

廿日市町屋跡・街並検出状況
（（公財）広島県教育事業団撮影　広島県立埋蔵文化財センター写真提供）

調査では、十七世紀（江戸時代前期）、十八世紀後半〜十九世紀前半（江戸時代後期初頭頃）と十九世紀後半（幕末期）の礎石建物と推定される遺構を確認した。それぞれの時期の建物跡は、いずれも当時の生活道に沿ってほぼ南北方向に整然と並んでいた（現代の町並の方角と一致）。

興味深いのは、同じ江戸時代の建物でありながら時期ごとに家の作り方が少しずつ変化していることである。江戸時代前期では、家の間口は二間（三・八メートル）で奥行が四間半（八・四メートル）、十九世紀初頭では、間口二間半（四・五メートル）・奥行五間半（十メートル）と推定された。

さらに幕末になると、間口は三間（五・四メートル）と広がっていた（奥行きは不明）。町屋の間口が次第に広がって、奥行も長くなっていく。つまり一軒一軒の家が、時代が下るにつれて広くなっていた。

ところで、一間の長さは、江戸時代には全国的に見ると、一応は六尺が標準であったが、地域・時期によって異なっていて、広島藩では一間を六尺三寸（約一・九メートル）としていた。廿日市町屋でも江戸時代前期の建物にはこれが当てはまる。ところが、十九世紀頃と幕末の建物では、一間六尺（一・八メートル）が採用されており、江戸時代後期になると広島藩でも全国の規格に変わっていることが明らかになった。

もうひとつ、この遺跡で注目されたのは、幕末期の生活面が確認されたことであった。幕末までの時期の遺物が出土する一方で、明治以降のものが確認されなかったことと、この生活面直上から炭や焼け土が広がっていたこと、検出した礎石にも熱を受けた痕跡がみられること、焼けた廃棄物を投棄した穴が多く見つかったことから、明治の直前（＝幕末期）に大規模な火災があったことが推測された。

このような火災は、慶応二年（一八六六）の幕長戦争の芸州口の戦いの時に、長州軍の進入を防ぐために廿日市の町を広島藩の兵が焼き払った事案以外にはなく、火災は、幕長戦争の時のものと判断された。

なお、幕長戦争に関わる同様の発掘調査事例として、廿日市と同じく西国街道沿いの在町で、周防国（山口県）との国境により近い、小方の町屋がある。

これも広島

# 現代に残る江戸時代の民家

広島県内には、江戸時代に建てられた農家や商家など古民家が多く残っており、現在も住宅として使用されているものもあれば、旧所蔵者から自治体等に引き渡されて文化財として保護が図られ一般公開されているものもある。このうち広島藩領にあり、国の重要文化財に指定されているのは、令和元年末（二〇一九）時点で十一件あるが、建築年代が古いものを中心に紹介したい。

### ◇旧真野《しんの》家住宅

現在、広島県立みよし風土記の丘に移築されているが、元は世羅郡世羅町戸張にあったもの。十七世紀前半の建築と考えられており、県内に現存する最古級の古民家である。入母屋造で茅葺の、桁行《けたゆき》一四・九メートル、梁間《はりま》九メートルの建物で、軒が低く柱が手斧や槍鉋《やりがんな》で仕上げられていること、異常に大きい柱や梁がないことなど、古い時代の特徴が見られる。昭和五十五年一月二十六日に重文に指定された。建物は一般公開されている。

真野家住宅（三次市）

### ◇吉原家住宅

吉原家住宅は、尾道の対岸の向島のほぼ中央部にあり、当家は江戸時代には近隣五カ村の庄屋をほぼ世襲で代々務めた家柄であった。主屋・納屋・便所が国の重要文化財に指定されているが、とくに寄棟造で茅葺きの主屋は、同家が所蔵する文書から寛永十二年（一六三五）の建築であることが判明、年代がわかる古民家建築では三番目に古く、農家に限れば全国で最も古い建物である。桁行が二〇・一メートル、梁間が九・一メートルある。土間から上がってすぐに女中室を備えるなど建物の規模も、当地域の豪農として相応の規模と構造を持つ建物といえる。平成三年五月三十一日に重文に指定された。現在、日曜と祝日のみ一般公開を行っている。

吉原家主屋（尾道市）
（写真提供　尾道市教育委員会）

### ◇旧木原家住宅

旧木原家住宅は、西条盆地の東、江戸時代には在町であった白市《しらいち》にある。町並は江戸時代初期には整っていたようで、旧木原家住宅の主屋は鬼瓦のヘラ書きから、寛文五年（一六六五）の建築とみられ（西日本で最古級の町屋）、町並成立当初からの建物と推測される。

東西南北を結ぶ内陸の交通の要所である白市は、藩内に三カ所のみであった公認の歌舞伎小屋や牛馬市が立ったところで、白市の商家の数人は竹原の塩田経営者に名を連ねるなど、町の繁栄ぶりが推しはかられる。木原家は白市を代表する商家で、本業は酒造業であった。

かつては主屋の周囲に酒蔵や離れ座敷が

旧木原家住宅（東広島市）

あったが、現在は主屋のほかは蔵・井戸・庭を残している。建物の規模・構造は、桁行一二・六メートル、梁間一五・五メートルの一部二階建てで、表通りに沿った横長の切妻造である。外壁は全体に漆喰を塗り込めた白壁で、正面右側に入り口（大戸）があり、その横に店と座敷が並ぶ。

昭和四十一年六月十一日に重文に指定された。現在、一般公開されており、現地で見学が可能である。

◇堀江家住宅・荒木家住宅

堀江家住宅は、広島県の最北、庄原市高野町の中門田にある古民家。堀江家は、家の記録によれば天正年間（一五七三〜一五九二）以来続く農家である。建物は古い農家の間取りである「三間取」の特徴が残っており、柱材は自然の姿の曲材をそのまま利用し、柱の間隔も自由に作られるなど、素朴さと力強さがある。入母屋造・茅葺で規模は桁行が一九・八メートル、梁間が一〇・五メートルで、釘を使用していない建築である。昭和四十一年十二月五日に重文に指定された。

荒木家住宅も庄原市の比和町にある古民家で、荒木家は戦国時代の永禄三年（一五六〇）からこの地に移り住んだと伝え、その後代々神官であった。堀江家住宅と同様、「三間取」がみられるが、神官の住宅であることから、座敷と納戸の間に神座が設けられている点が特徴的である。入母屋造、茅葺で規模は桁行が二〇・六メートル、梁間が一〇・九メートルある。昭和四十三年四月二十五日に重文に指定された。

堀江家住宅、荒木家住宅ともに建築年代は明確ではないが、十七世紀後半から十八世紀前半と推測され、地域的にも年代的にも近く、規模・構造も類似しているといえる。広島県教育委員会のホームページによると両家住宅とも外観の見学は可能だが、堀江家は所有者の了解が必要である。

このほか、廿日市市宮島町の林家住宅、三次市三良坂町の旧籏山家住宅、呉市の旧澤原家住宅、三次市吉舎町の奥家住宅、竹原市の春風館と復古館が国の重要文化財に指定されている。

これも広島

# 赤穂浅野藩と広島

赤穂の浅野藩といえば、赤穂義士で知られる「忠臣蔵」を連想させる。ここでは、広島浅野家の一族の赤穂浅野藩と広島藩・三次藩の関わりについて赤穂事件も含めて紹介する。

赤穂浅野藩は、正保二年（一六四五）に常陸国笠間の大名浅野長直が五万三千石余りで赤穂に移封されたことに始まる。その後、長友、長矩《ながのり》と続き、長矩の時、元禄十四年（一七〇一）に断絶となるまで約六〇年間存在した。広島の浅野家との関係は、長直の父長重が初代広島藩主長晟の弟であるので、広島藩二代光晟と赤穂藩初代長直は従兄弟となる。また三次藩初代長治は光晟の兄であり、長直とも従兄弟であった。

瀬戸内に面する赤穂は古来、製塩が行われていたが、とりわけ江戸時代から戦後にかけて、大規模な塩田による製塩業が盛んな地域のひとつであった。浅野家が赤穂に入る以前に、すでにいくつかの塩田は開発されていたが、大きく発展を遂げたのは浅野氏時代で、この間、新たに入浜式塩田一二七町が開発された。そして、そこで確立された入浜式塩田の技術が、広島藩の竹原に導入され、竹原塩田が成立した。赤穂藩の塩田技術は、広島藩にとっても非常に重要な意義があった。余談だが、江戸時代前期、水野氏時代の福山藩でも松永で備後地域最大の塩田が開発されたが、これも同様の技術を導入したものであった。

さて、その赤穂藩の三代目藩主浅野長矩が、元禄十四年三月十四日、江戸城松の廊下で吉良義央《きらよしなか》（上野介）を切り付ける、いわゆる刃傷事件を起こした。長矩はわずか八歳で家督を継いで藩主となったが、この時は三十四歳であった。事件を起こしたとき長矩は、幕府の勅使接待役を務めており、吉良は幕府の高家（朝廷関係の儀式を担当する家柄）の筆頭であった。勅使の接待について吉良は長矩に指示する立場にあったが、なぜ長矩が吉良を切り付けたのか、その原因は明らかになっていない。

しかしながら、江戸城中での刃傷事件に際して将軍綱吉は、加害者の浅野長矩を切腹、御家断絶、城地返上という浅野家と家臣にとっては過酷な裁断を行った。四月十九日には赤穂城も明け渡し、藩士は浪人となった。この浪士の一部は当初、長矩の弟長広を主として御家再興を企てたが、長広が広島藩預かりとなったため道は閉ざされ、長矩の雪辱を果たすため吉良邸を襲撃することに目標を切り替えた。

彼らをまとめ、計画の中心にいたのは、国家老を務めていた大石良雄《よしお》（内蔵助《くらのすけ》）であった。吉良邸襲撃は、京都円山で計画され、江戸で実行に移されることになった。そして翌年の十二月十四日、浪士たちは吉良邸を襲撃し、吉良義央を殺害した。この事件は、赤穂浪士四十七士による義挙として巷間では賛美する向きもあったが、結局幕府は、大名家に預けていた四六人に切腹を命じている。

この事件に関わって、広島藩や三次藩は情報収集を行うなど、神経をとがらせていた。とくに三次藩は、長矩の妻阿久利（阿久里とも）が三次藩主の娘であるなど藩主の家の姻戚関係も強く、赤穂藩取りつぶし後には、赤穂藩の藩札の処分や御家再興について赤穂側から相談を受けたり、三次から家臣を赤穂に派遣したりしている。

　ところで、長矩の妻阿久利は初代三次藩主長治と三次在住の側室との間に寛文九年（一六六九）に誕生した娘であった。「阿久利」という名は、子どもが女子続きで次は男子が生まれることを願う時に付けられる名前とされる。藩主長治にはそれまでに男子も生まれていたものの早世しており、阿久利が誕生した時には、九歳年上の姉の兼姫一人であったが、その兼姫も阿久利の幼少時に亡くなった。

　その後阿久利は二歳年上の赤穂浅野藩主長矩と結婚した。阿久利の父長治の正室は初代赤穂藩主長重の娘であり、今度は三次藩から赤穂藩に娘が嫁ぐという形になっている。浅野家の同族で五万石など格式も同じであり、両家にとってこの婚姻は自然な成り行きであったと考えられる。

　天和三年（一六八三）に祝言を挙げた二人だが、その十七年後に刃傷事件が起こり、赤穂浅野藩の改易後は、阿久利は実家の三次藩に戻って出家し（瑤泉院と名乗る）余生を過ごした。事件の十三年後に江戸の三次藩邸で四十五歳の生涯を終えている。

鳳源寺・瑤泉院遺髪塔（三次市）

　また、大石内蔵助の息子が広島藩士となったことも知られている。内蔵助の息子といえば、義士の一人として知られる大石良《よし》金《かね》主税《ちから》がいるが、そのほかにも男子がいた。内蔵助は討ち入りの前に妻りくと離縁をしたが、その時にりくは身重であった。りくは、豊岡藩の家老の娘であったことから、事件後は豊岡に身を寄せ大三郎（代三郎）と名付けた男子を産んだ。

　義士の遺児については、十五歳以上を遠島とし、未満の者は親戚預けとして謹慎処分となり、六年後に赦《ゆる》されるまで続いた。その間に兄たちは病没し、男子は代三郎のみとなっていた。この代三郎が十二歳となった正徳三年（一七一三）、広島藩主浅野吉長が、父内蔵助と同じ禄高（千五百石）で召し抱え、広島藩士となった。

　代三郎は、母りくと姉るりとともに広島に移り、城下の三の丸に屋敷を与えられた。三の丸は藩の重役たちの邸宅が並ぶエリアであった。単に大石の遺児代三郎を引き取っただけでなく、禄高や屋敷地などの待遇に、浅野本家のメンツが感じられる。代三郎は、のちに外衛良恭と改名し、武門の重役のひとつである番頭まで出世している。彼には男子がなく、跡は親戚から婿養子を迎えて家は存続し、明治維新に至っている。

これも広島

# 稲生物怪録

三次には全国的にも有名な江戸時代の妖怪物語が伝わる。「稲《いの》生《う》物怪《もののけ》録《ろく》」などと呼ばれ、江戸時代後期の国学者平田篤胤《あつたね》も関心を寄せたことでも知られる江戸時代を代表する妖怪物語のひとつである。この物語の舞台である広島県三次市三次町に、平成

湯本豪一記念日本妖怪博物館
（三次もののけミュージアム）

三十一年（二〇一九）四月、平成の最後に湯本豪一記念日本妖怪博物館（三次もののけミュージアム）が開館した。日本初の妖怪に特化した博物館で、展示の柱のひとつは「稲生物怪録」である。現在の地域おこしにも貢献しているこの妖怪物語を見てみていこう。

「稲亭物怪録絵巻」より
（広島県立歴史民俗資料館蔵・写真提供）

稲生物怪録には、挿絵がない物語だけの形態、絵巻タイプなど様々あり、また、ストーリーもいくつかに分類されている。ここでは「柏本」のストーリーを紹介する。

主人公は、三次在住の三次藩士の子で十六歳の稲生平太郎（武太夫）。舞台は寛延二年（一七四九）の三次で、平太郎の自宅を中心に物語が展開する。この頃、三次藩は廃止され、広島の本藩に吸収されながらも、旧三次藩士はこれまでどおり三次に住んでいた。

物語の内容は、その年の七月に平太郎の家で起こった数々の、しかも次第にエスカレートする怪奇譚で、襲ってくる様々な妖怪や奇怪な出来事にも動じず、勇敢に立ち向かう平太郎の姿が描かれる。そして七月三十日、最後に山本五郎左衛門と名乗る大男（魔王）が登場し、この一カ月間の災難を説明する。いわく、難を与えるべき年齢の者に難を与えるのが魔王の役割で、平太郎はその年齢だったという。そして今日で平太郎への難が終わったと告げ、家来（実は妖怪たち）とともに去って行く。

柏本は、基本的に文字のみによって伝えられるが、例外的に広島県立歴史民俗資料館所蔵の巻子装「稲亭物怪録」には、六九の場面の絵画が詞書とともに巻子に両面仕立てでまとめられている。

第三章

# 浅野吉長の時代

十八世紀前半を中心に、藩政改革と学問を推進した「名君」の治政とは。

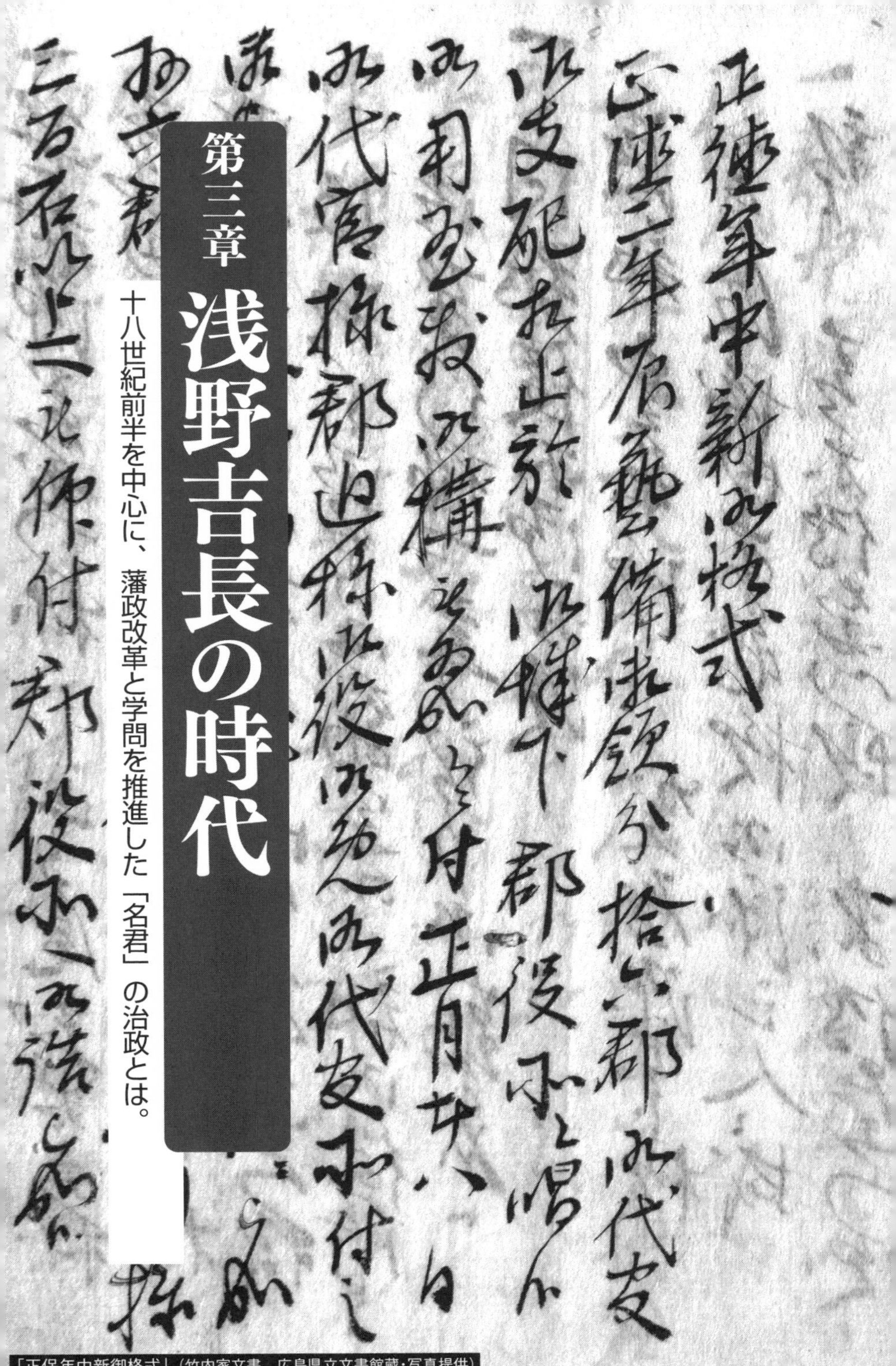

「正保年中新御格式」（竹内家文書　広島県立文書館蔵・写真提供）

# ◆1◆ 浅野吉長の藩政改革

浅野家が広島に入封して百年がたち、社会が変容する中で、広島藩の財政は厳しくなり、家臣団の士風も緩みがみられた。この時期に登場した藩主浅野吉長は当時から名君の評判が高く、藩の課題を解決すべく改革を行った。

## 藩の財政状況

江戸時代が百年を経過し中期にさしかかると、商工業の発展とともに人々の生活は向上し、都市住民だけでなく村々にも在郷市が成立して、貨幣経済がいっそう浸透した。商品経済が発展する中で米価は下落（諸物価は上昇）する傾向にあり、年貢米を換金して生活をしていた武士は、支出が増える一方、収入は目減りし、生活は困窮化した。藩の財政も同様に苦しくなっていた。

広島藩では大坂で年貢米を売却して様々な決済を行っていたが、その業務を、鴻池《こうのいけ》家など大坂の商家に委託していた。鴻池家から見ても広島藩は、財政的に比較的健全な、優良な顧客であったようだ。

ここで江戸時代中期頃に広島藩が鴻池家から借銀★した額の推移から藩の財政状

▼借銀
江戸時代の通貨制度は三貨制度を採用おり、小判など金貨の単位系統（両、分、朱）、銀貨の単位系統（匁、目）、銅銭の単位系統（文、貫）の三種類を使い分けていた。一般に西日本では「銀遣い」、東日本は「金遣い」といわれ、広島でも「匁」が単位の銀貨が流通していた。そのため、「借金」も当時の記録では「借銀」と記されている。

況をみてみよう。藩は鴻池家に委託した米の売上を藩の支出にあて、その差額で余りが出ると藩の貯蓄、不足があれば借入となった。宝永元年（一七〇四）頃までは収支は合っていたか、あるいは少額の「預金」も出ていた。ところが享保十一年（一七二六）頃までには三〇〇貫程度借入が生じるようになり、さらに享保十二年以降、借入は膨らみ享保十四年を境に毎年三〇〇〇貫（米では五万一千石相当）の負債が恒常化する。広島藩は、この時期、一気に財政難に陥った。

藩の収支を見ておくと、広島藩の収入を米に換算すると例年二十二万石であった。一方で支出は、江戸藩邸での費用や参勤交代の経費などが全体の四〜五割を占めたが、これらは固定的な必要経費であった。そのほか藩主家の経費、家臣の給与や手当などの人件費（扶持米《ふちまい》・切米《きりまい》）、諸役所での支出がある。これらは政策的に削減可能な支出であり、これに大坂での借入の返済費が加わることになる。

社会が安定し、経済が発展する中、構造的な財政赤字の解決が求められていた。その中で、改革を推進したのが、第五代藩主浅野吉長《よしなが》であった。

## 「名君」吉長

浅野吉長は、四代藩主綱長の子で、元禄八年（一六九五）に江戸で元服し、将軍綱吉の一字をもらって吉長と名乗った。宝永五年（一七〇八）に、二十八歳で藩主となり宝暦二年（一七五二）七十二歳で亡くなるまでその座にあった。在任四十四年は歴代広島藩主では最長である。彼の治世は、八代将軍吉宗の享保の改革の時代をはさむ前後七〜八年であった。吉長は青年期を元禄期（一六八八〜一七〇四）の学問奨励の風潮がある江戸で過ごした。好学の父綱長の影響もあり、吉長は幼年時から学問に親しんだ。

浅野吉長について、徳川吉宗の侍講（教師）を務めた儒学者の室鳩巣《むろきゅうそう》は、「当代の賢公第一」（今の時代の最も優れた大名）と評価した。また今の時代のよいものに「当公方様、松平安芸守仕置」（徳川吉宗と浅野吉長の政治）を挙げた。実際に吉長は政治を行う際に、学問で得た知識や知恵を現実の政治の中で生かすことを心がけたという。彼は政治に臨む姿勢を自身の著述の中でも表明している。

吉長は、藩主となった宝永六年四月、江戸から広島に到着すると、七月からさっそく改革に着手した。

## 藩政改革

吉長は藩の行政機構を改革したが、それを見る前に改革着手前の仕組や慣行を確認しておきたい。

二代光晟の寛永十八年（一六四二）以来、藩の行政組織のトップで執政の地位

▼加判役
藩の公文書に署名などを書き加える地位にある、藩の重役。

にいたのは世襲制の家老で、数人の加判役《かはんやく》★を加えて藩政を取り仕切っていた。各役職の服務規程は簡潔な内容で、役人は私宅で政務をとっていた。つまり、行政機構は整っていたが、合理的な業務とはいえない実態があった。

そこで、吉長は行政機構のトップにメスを入れた。世襲の家老は実務から外して顧問的な地位とし、加判役を年寄と改称して執政職とした。年寄は四～五人で構成されたが、重要なのは人材を抜擢してこの職にあてるように変更した点である。そして、近習頭《きんじゅうがしら》（のち用人と改称）という職を新設した。近習頭は藩主に直属して機密を預かる役職で、その器量次第では年寄に抜擢される可能性を持った地位でもあり、年寄に出世するための登竜門ともいえるポストであった。

また、「御用達所」を新設し、藩政運営の執行部がここで政務をとることとした。これらの改革で、吉長の強い主導の下での政権運営が実現した。

職制については、若年寄や大小姓頭、武具奉行、書物奉行、材木奉行など一〇以上の役職を新設し、役職の統廃合など整理を行った。そしてそれぞれの役職の職務内容と責任を明確にした。その結果、藩政機構が一段と整備された。

さらに、「御用屋敷」と名付けた政庁を新設し、役人は私宅ではなくここで執務することとした。御用屋敷では、月三回（当初は六回）、大目付や諸奉行が集まって会議を開き、それまで各奉行が私宅で行っていた領内各地から上がってきた裁判（公事）についても重要なものはここで取り扱うこととした。回数が月三回

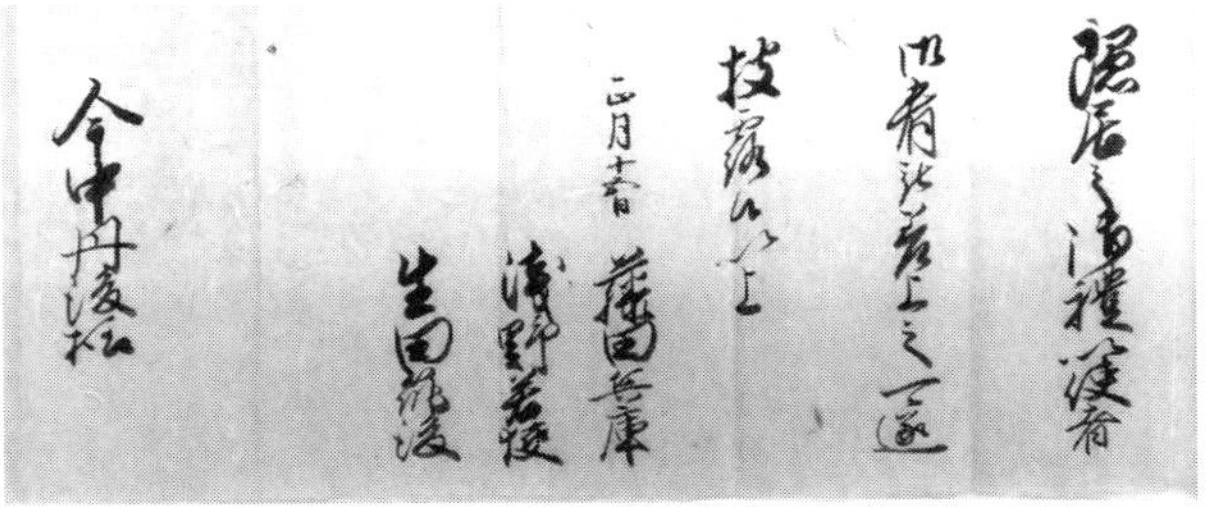

執政が連署した文書
（今中文庫　広島大学図書館蔵）
本史料は幕末頃のもの。藩の執政たちが署名している藩の意志を伝達する文書。このような公文書に署名する地位にある者を、かつて広島藩では「加判役」と呼んだ。なお、本文書のあて名の今中丹後は、本文一六五頁に登場する人物。

となってからは、参加する役人の人数は大幅に増え、合議制が充実するとともに多数決の原理を採用することで公正な政務の運用を目指した。

財政面においては「請定銀《うけじょうぎん》の制」を導入した。これは今でいう予算制で、財政状況に見合った経費支出を行うため、各部署に年間に必要な予算を前もって決めさせ、それに基づいて事業を行うこととした。

次に、改革のもうひとつの柱の郡制改革を見てみたい。吉長が正徳二年（一七一二）正月に「郡方御新格」として実施したので「正徳新格」または「正徳の郡方新格」と呼ばれる。この改革のねらいは、郡方（在方）の統治機構を簡略化することで、財政のムダを省き、行政の手続きを迅速に処理することにあった。

改革以前の郡方統治は、郡奉行のもとに郡廻り役、郡代官、村廻りなどで構成されていたが、改革では、郡代官以下の役職を廃止し、新たに「郡支配」を各郡に六人任命するなどスリム化を図った。城下には郡役所を設けた。

この制度改革は郡中の百姓も巻き込んだ。郡中で最も有力な百姓である「大割庄屋」から所務役人を任命、有力な百姓から頭庄屋《かしらじょうや》を任命した。所務役人は郷代官とも呼ばれ、およそ一万石に一人、頭庄屋は一万石に二人の割合で任命された。これまでの庄屋との最大の違いは、待遇である。所務役人も頭庄屋も在任中は姓を名乗ることを許され、藩から給料と役職手当が支給された。所務役人は「御奉公人」という藩士待遇、頭庄屋は「御扶持人」格とした。彼らが広島城下に出て業務を行う際の専用の宿泊施設（郡長屋）を建て、出張には手当が付いた。

また、これまでとの違いのひとつに、地域的な偏在があった。従来は村や近隣の村で構成する「組」に基づいて有力な百姓が庄屋などに選任されたが、今回は郡の全体から選定したので、佐伯郡や奴可郡では偏った分布になった。

結局、この郡制改革のねらいは、領内の有力な百姓を総動員して、武士の身分を与え、直接郡の統治を担当させて年貢を確保し、統治を強化することにあった。

しかし、改革は、藩が有力な百姓を支配側に取り込んだ結果、村内を有力者とその他に分断することにつながった。それゆえ所務役人や頭庄屋たちが、他の百姓たちの反感を買うことがないように、藩は彼らを指導監督する必要があり、領内一二郡一四カ所に目安箱を設置している。

# ②全藩一揆と吉長

吉長が実施した改革は、郡方の人々への負担が重くのしかかるものであった。その頃福山藩や三次藩で起こった一揆の余波が広島藩にも及び、領民は全藩一揆を起こし、藩の改革へに対して明確な反対の意思を表明した。

## 庶民への負担

先述の正徳新格（吉長が行った郡制改革）は、藩財政の合理化の面もあるが、大きく見ると、年貢の確実な収納を目指した政策であった。そして、この制度のもと領内の村々に賦課された年貢率は、平均で五〇～六〇パーセントと、過去最高であった。さらに享保元年（一七一六）からは年貢率の決定方法を定免制★とした。百姓の負担が増加したことは疑いようがなく、改革の真意は、単なる年貢の安定収入に留まらず、年貢増徴にあったとみられる。

そのほか、藩が新たな収入源として着目した特産品の専売化も、生産者である百姓の家計を圧迫した。元禄九年（一六九六）に鉄座、宝永三年（一七〇六）に紙蔵が設けられ、生産者は藩の公定価格での取引を強いられた。

▼定免制
その年の作柄にかかわらず一定とする。

# 全藩一揆

この頃広島藩に隣接する福山藩と三次藩で、大規模な惣百姓《そうびゃくしょう》一揆★が起きていた。両藩とも百姓側の要求を受入れ一揆側の勝利に終わったという情報を、広島藩の百姓たちも得ていた。

三次藩の一揆が解散した翌月の享保三年三月、三原浅野家の知行地であった甲奴郡の百姓が三原に強訴《ごうそ》★の動きを見せたのに続き、三上郡本村の百姓が一揆を起こした。その後、諸郡に波及し、藩側が、「諸郡凡《およそ》三十万余之百姓」が城下に押し寄せて衝突を引き起こすと危惧したほどであった。そして実際に未曽有《みぞう》の大一揆に発展した。

新制度の下で、新たに士分を獲得した所務役人や頭庄屋が一揆の標的となった。彼らは、直接百姓から年貢を徴収（しかも増徴）する立場であったので、ほかの百姓から反感を買っていた。

一揆の要求は、定免制の廃止と年貢率の引き下げ、村役人の交代、藩の専売制の統制緩和などであった。藩は、一揆が一段落した頃、要求を受入れる回答を示したが、一方で六月以降に一揆の指導者を追跡し、処刑した。死罪が四九人、入牢・手錠などが一二九人であった（ほかに逃亡者が九四人）。

▼惣百姓一揆・全藩一揆
江戸時代の百姓一揆の典型的なタイプで、村役人が指導して領主（藩など）の苛政をやめるよう要求したもの。藩全域の規模の時には、全藩一揆と呼ぶ。

▼強訴
一揆勢が大挙して城下などにおしかけ、直接に訴える行動。

一揆勢にも大きな犠牲を出した享保の全藩一揆ではあったが、次に見るように、この一揆は、吉長の改革の方向性だけでなく、その後の藩の政策にも大きな影響を与えたものと思われる。すなわち、藩は収入増の政策として、他領との交易、特産品奨励や藩札発行を積極的に行うようになる。一方で、年貢増徴につながる新たな公式の検地は行われなかった。

## 一揆後の藩政改革

藩の全領域の百姓が参加したこの一揆は、吉長がこれまで進めてきた改革への反対の意志を示す力強いメッセージであった。百姓たちの訴えに対して、藩は「正徳新格」を撤回せざるを得なくなり、所務役人や頭百姓を廃止★した上で元の代官制にもどした。さらに定免制を廃止して新設の諸税や規制も撤廃した。そして、藩主吉長のこれ以後の施策には、かつてのような果断さがみられなくなったともいわれる。改革の方向も、家臣への精神論的なアプローチが増え、藩の財政政策では商業に対するものがみられるようになる。

藩士に対しては、道徳的な説諭とともに、「諸士系譜★」という家臣の家系を編纂させた。家臣に自らルーツを再確認させ、彼らに自覚を促す目的だったといわれる。享保二十年（一七三五）には家禄を永代禄★とした。家臣各自の「覚悟」を

**▼所務役人や頭百姓の廃止**
かつて機能していた大庄屋を割庄屋（わりじょうや）として復活させた。割庄屋は、郡で負担する様々な費用を各村に割り当てることを職務とした。庄屋や組頭から選ばれ、選任に当たっては、村々から不審や疑惑が生じないような配慮をしたという。

**▼「諸士系譜」**
寺田臨川が浅野家家臣の由緒をまとめたもの。（戦災で焼失）。のちに長州（萩）藩で同類の記録「萩藩閥閲（ばつえつ）録」を編纂した際、これを参考にした。

**▼永代禄**
今の知行や給料を今後ずっと認めること。これまでは先代の死亡・隠居などにより跡継ぎが家督を継いだ時に減知（知行を削減されること）されていたり、しばしば知行割の組み換えが実施されたりしていたが、それらをやめ、知行地村を固定した上で家禄を永続するものとした。

喚起し、「武士之本心」を忘却させない意図があったが、必ずしも家臣団の資質の向上にはつながらず、財政上の問題もあり二十年足らずで廃止された。

財政政策では、享保十五年に藩は株仲間を公認し、彼らに独占的な営業を認めた。物価の安定（引き下げ）と、運上等の徴収がねらいであった。

吉長の藩政改革は、家臣の引き締め・機構再編による行政の刷新、「正徳新格」と呼ばれる百姓からの年貢収納増加に特色があったが、全藩一揆により農政は見直しを余儀なくされ、藩士の士風改善も十分な成果は上がらなかった。しかし、吉長が刷新した行政機構を土台に次の時代以降も改革は続く。その意味で、吉長の改革は、藩の立て直す土台を整備したともいえるものであった。

## 学問と藩の記録作成

吉長は、改革の中で、士風の改善を掲げそのために学問を重視した。

これまでも浅野家では広島入封以前から、京の高名な学者を招いて藩主や世子の教育係としていた。石川丈山《じょうざん》★や堀杏庵《きょうあん》★らはいずれも朱子学者で、堀家は代々儒学で広島藩に仕えた。その後、綱長・吉長の時代になると、幕府の政治が文治政治に転換し、学問を奨励する気風が高まった。吉長も好学の藩主で、父が京から招いた著名な儒学者味木《あまぎ》立軒《りっけん》★やその門下で綱長に仕えた寺田臨川《りんせん》★、綱長が京

**▼石川丈山**
一五八三―一六七二。江戸時代初期の儒学者、漢詩人としても名高い。徳川家に儒学で仕えた林羅山（林家の祖）と同じく、藤原惺窩に儒学を学んだ。晩年は、京の詩仙堂で過ごした。

**▼堀杏庵**
一五八五―一六四二。江戸時代初期の儒者で、藤原惺窩に儒学を学ぶ。浅野家の他、尾張藩にも儒者として仕えた。

**▼味木立軒**
一六五〇―一七二五。江戸時代前期から中期の儒学者で京の人。

**▼寺田臨川**
一六七八―一七四四。江戸時代中期の儒学者で、広島城下に生まれた。味木立軒に入門し、頭角を現し、江戸で次期藩主となる浅野吉長の侍講（教師）を務めた。

から招いた神儒学者植田艮背《うえだこんぱい》★や堀家の学者から学問の手ほどきを受けた。植田艮背は、朱子学と神道の統一を説いた山崎闇斎《あんさい》★の門下で、友人の誘いで広島に赴いて庶民に儒学や神道を説いたところ、藩主綱長の目に留まり藩に召し抱えられた人物で、吉長も彼を厚遇した。艮背は広島藩の神儒学の祖とされる。

吉長は、学者たちから熱心に学び、それを現実の藩政に反映させることを常に心がけた。学問と政治の一致を目指した数少ない大名の一人といわれている。

吉長には為政者としての心構えなどをまとめた数々の著作があり、その集大成が子孫に伝えるために著した『遺教録』で、大名としての心得、修身や道徳の実践、家臣に対する心がまえ、治国の在り方などについて、自らの体験に基づいて具体的に記している。

吉長の時代には家臣に対する教育が開始され、学者の地位が向上するなど、吉長の文教政策はその後の藩の学問隆盛に大きな影響を与えた。また、一方で、藩政の運営上、藩の成立以来の歴史意識の形成が重要との認識から、吉長自ら浅野家の系譜を「浅野御家譜」にまとめ、続いて家臣の系譜の編纂を藩儒の寺田臨川に命じた（「諸士系譜」享保八年（一七二三）完成）。

▼**植田艮背**
一六五一―一七三五。江戸時代前期から中期の儒学者で京の人。広島藩に山崎闇斎流の儒学（崎門派）を広めた。「ごんはい」とも呼ぶ。

▼**山崎闇斎**
一六一八―一六八二。江戸時代前期の儒学者で、京の人。朱子学と神道を学び、両者を統合した垂加神道を提唱した。

# ◆3 広島藩の教育

広島藩の藩校は、吉長が設立した講学所に始まる。その後、財政難から一時閉鎖され、改組されながら廃藩の直前に「修道館」が誕生した。また、城下では藩に仕える学者たちの家塾があったほか、民間の学者たちの私塾も設立された。寺子屋も各地に作られ、中には女性が経営するものもあった。

## 藩の家臣教育

浅野吉長は、正徳五年（一七一五）、近習や児小姓の希望者に対して、毎月二回、植田艮背に『孟子』★の講釈を行わせ、二年後には希望する藩士に聴講を許した。そしてこれを発展させたのが、享保十年（一七二五）に広島城下の白島《はくしま》に設置した講学所である。白島には諸芸稽古場があり、講学所はそこに併設された。寺田臨川が教授になり、他の儒員（藩の儒学者）全員が教場に出席して子弟教育を担当した。これが広島藩の藩校の始まりである。その後、講学所は講学館と改称され、学規三則を制定するなど整備されたが、寛保三年（一七四三）、財政難を理由に、閉鎖された。寺田臨川ら教授陣は、再び家塾で藩士教育に当たった。

その後、七代藩主重晟の代の天明二年（一七八二）に藩学問所を城内二之屋敷

▼『孟子』
中国の戦国時代の思想家孟子（前三七二?〜前二八九?）の言行録。『論語』などとともに儒学の根本的な経典（四書）のひとつ。

に創設した。学問所の建物は三〇〇〇坪で、孔子を祀る聖廟、講堂、御聴講所、東堂・西堂があり、質実を旨とした本格的な人材教育の場であった。教授陣の主な役割は、講釈の担当、会読のリーダー、詩文会での添削であった。

教授の学派★は、当初、垂加《すいか》派が三人、古学派★、古学系の折衷《せっちゅう》派★、朱子学《しゅしがく》派★が各一人であった。講義も特定の学派偏重を避け、学者の優れた資質を重視したが、教授間の対立、さらには学生間でも反目が起こり、混乱が起こった。藩も調整に乗り出すが、当時全国的にも勢いがあった徂徠《そらい》学★の講義が支持されたという。

そのような中、天明三年、朱子学を学問所の教育に統一するよう主張していた頼春水に江戸詰を命じ、世子斉賢《なりかた》の教育係とした。江戸での春水は、朱子学の教育課程に沿って世子の教育を行い、天明四年には、後に老中となる白河《しらかわ》藩主松平定信《さだのぶ》★に招かれて学問と政治の関係を論じ、江戸在住の学者や諸藩の江戸詰儒者とも交流した。一方、国元では学派対立の解消の検討が進められ、朱子学を「正学★」と位置付けるに至り、天明五年末に、学問所の教育は朱子学に統一された。

ただ、国元の学問所では、学派間の対立が続いたため、古学派の教授を出勤停止とし、家塾で教育を行うこととされた。一方の春水は、江戸詰の天明五年に藩主の意向で、江戸の上屋敷内に講学所を開設し、世子の教育や藩主への御前講、在江戸藩士への教育を行った。のちには国元の学問所教授が毎年一人ずつ交代で務めるようになった。

**▼江戸時代の儒学の諸学派**

・朱子学派…中国宋代の朱熹（しゅき朱子とも）が唱えた学派。儒学で幕府に代々仕えた林家も朱子学であった。

・古学派…朱子学を批判し、直接に儒学の原点に立ち返ることを主張。広い意味では、徂徠学も含まれる。

・折衷派…これまでの諸学説を選択・折衷して正しい解釈に達しようという立場。

・徂徠学派…古文辞学派ともいう。江戸時代中期に荻生徂徠が唱えた学派で、中国明代の古文辞学という手法で儒学を解釈しようとした。朱子学を鋭く批判し、対立した。

このほかに、陽明学派などがあった。

**▼松平定信**

一七五八—一八二九。徳川吉宗の孫で、奥州白河藩主となり、のち、老中となって幕府の「寛政の改革」を推し進めた。

**▼朱子学の「正学」化**

幕府が朱子学を正学とする「寛政異学の禁」を実施するのは寛政二年（一七九〇）であり、広島藩のこの措置は、幕府より五年早く、全国に先立つ先駆的な政策であった。

城下の学問所は、その後明治三年（一八七〇）に広島城中の八丁馬場に移され、「修道館《しゅうどうかん》」と改称、現在まで修道中学校・修道高校として続いている。なお、現在同校には「旧重谷《しげたに》家土蔵★」が移築されているが、これは江戸時代後期の建築で、広島藩学問所の書庫であった。広島城の数少ない建築物のひとつである。

家老の家にも教育施設が設けられた★。上田家では宝暦年間（一七五一〜一七六四）に広島城内の私邸に講学所を開設したとされ、十八世紀末頃から本格的に運営された。また、東城浅野家では私邸に蒙養館《もうようかん》を設け子弟・家臣教育を行った。そして三原浅野家では城内の私邸に学問の場を設け、後に城下小姓町の屋敷に朝陽館《ちょうようかん》を設置した。さらに文政二年（一八一九）、三原城二の丸に明善堂《めいぜんどう》を創設、備中の儒学者西山復軒《にしやまふっけん》★を教頭に迎え、続いて頼山陽とも親交のあった竹原の儒学者石井豊洲《いしいほうしゅう》を教頭に招き、多くの門下生を輩出した。

## 家塾・私塾・寺子屋

藩の儒学者（藩儒）が藩から設置を命じられた家塾は、中等・高等教育機関であった。一方、私塾も同様の役割を担った。私塾を主催したのは、武士のほか医師、神官で、庶民もいた。天明期（一七八一〜一七八九）以降増え、幕末に急増する。広島城下や三原などの町方のほか、村の人口集中部にもあった。村の塾は庶

▼旧重谷家土蔵
平成三十年（二〇一八）広島市重要文化財に指定された。

旧重谷家土蔵（修道中学校・高等学校承諾）

▼家老の教育施設
家老は多数の家臣を抱えており、彼らは藩士ではなく陪臣であったため、学問所での聴講は許されるものの、入学は許可されなかったからである。

▼西山復軒
備中鴨方の朱子学者西山拙斎の子。拙斎は松平定信に「寛政異学の禁」を建言した人物。

民が主催しており、地方の教育熱を反映したものであった。

そして、初等教育を担ったのが寺子屋で、読み・書き・そろばんを庶民に教えた。広島藩内の寺子屋は『日本教育史資料』では二〇〇カ所余りだが、実際にはもっと多かったと思われる。天明年間には確認され、文化・文政年間（一八〇四～一八三〇）に増加し、次の天保年間（一八三〇～一八四四）に急増、幕末期にはさらに増えた。天保期以降、村で庶民教育に携わる人々が増加しており、私塾と同様、村々での教育熱の高まりを示している。

寺子屋の修学年は四年程度で、生徒は束修《そくしゅう》★、謝儀《しゃぎ》★を金品で納めた。一般には、生活に多少なりとも余裕のある家庭の子どもが通っていたとみられ、寺子屋で学べない者も多かった。女子は全体の一六パーセントというデータがあり、男子に比べてはるかに少なかった。

ところで、私塾や寺子屋の主催者は、男性が一般的であったが、広島藩内には、女性が主催した私塾・寺子屋があったことが知られている。私塾では、佐伯《さえき》郡廿日市《はつかいち》の渡辺英子の塾で、元文元年（一七三六）に開設され、男女問わず和学《わがく》★・筆道を教えていた。渡辺英子は和歌に巧みで宮中に召されたこともあったという。

女性が師匠の寺子屋は、豊田郡御手洗《みたらい》の大成田鶴が経営する巣鶴庵（天保二年～文久元年（一八六一））と尾道土堂《つちどう》町の植村マサの寺子屋（元治元年（一八六四）～明治五年（一八七二））の二カ所が知られている。前者は女子のみ、後者は男女共

▼束修
寺子屋入りする時の金品。銭・酒のほか、日用品や野菜・魚ですませることもあった。

▼謝儀
寺子屋の授業料で、五節句や盆・正月、あるいは毎月納めることもあった。銭が基本だが、日用品や酒・米で納める者もいた。

▼和学
日本在来の文学・歴史、制度などの学問。漢学や、洋学に対していう。国学ほど思想性が強くない。

学の寺子屋であった。女子が学ぶ寺子屋では、読み書きなどのほかに裁縫を教えるところが多く、この二カ所でも教えられていた。

## 郷学

そのほか、庶民への教育機関として郷学《ごうがく》★がある。郷学は、藩に許可を受けて設立されたものもあるが、必ずしも藩に願い出たものばかりではない。学べる内容は、寺子屋よりも少し専門的なものから、藩校に準ずるようなものまで様々であった。広島県内では、福山藩領神辺《かんなべ》で菅茶山《かんちゃざん》★が主催した廉塾《れんじゅく》が名高いが、広島藩内にも尾道の講習所《こうしゅうしょ》、竹原の竹原書院《たけはらしょいん》、倉橋の敬長館《けいちょうかん》が知られている。

尾道の講習所は、天明四年（一七八四）に儒医の橋本知義が藩に設置を願い出て許可されたが、寛政五年（一七九三）の知義の死によって廃止されたらしい。尾道の町人やその子弟に朱子学の講釈を行っていた。

竹原では富裕な町人を中心に学問が盛んで、十八世紀後半には頼三兄弟★を輩出した。彼らが師事したのは、植田艮背門下の儒医塩谷道碩《しおたにどうせき》であった。道碩没後、頼春水《しゅんすい》の発案で彼の居宅と蔵書を活用して町の有志が郷塾を設立、竹原書院と名付けた。

竹原書院は寛政五年に開講した。講師は頼春水の弟の頼春風《しゅんぷう》で、町役人や富

▼郷学
郷校とも呼ばれる。江戸時代から明治初期に、城下以外の地域に設置された教育機関。一定の公的な性格を持っていた。

▼菅茶山
一七四八—一八二七。江戸時代後期の儒学者で、江戸時代を代表する漢詩人の一人。彼の旧宅と彼が主催した廉塾（福山市神辺町）は、国の特別史跡に指定されている。

▼頼三兄弟
頼春水、春風、杏坪の三人。頼家については次章で詳述。

裕な町人の子弟を対象とした儒学教化の施設であった。竹原書院はその後、文化十年（一八一三）に火災で焼失、建物はその後再建されなかった。春風は文政八年（一八二五）に没し、その後の竹原書院の活動ははっきりとしない。

倉橋の敬長館は、寛政元年に倉橋島本浦の有志によって設立されたが、藩に願い出ての設立ではなかった。ここでは、漢学と習字を教えた。寺子屋よりも高い内容を学ぶ場であった。初代の教師は尾道の朱子学者鳥居好之で、三代目の河野小石が去る文久三年（一八六三）まで、七十五年続いた。最盛期の万延元年（一八六〇）には、男七五人、女五人が学んでいる。

竹原書院跡（竹原市）

# 第四章 地方の時代と文芸

十八世紀後半、藩の財政再建が実を結ぶ。この時期、各地で文芸が盛んとなった。

平田玉蘊画「月次風俗図屛風」より（広島県立歴史博物館蔵・画像提供）

# 1 改革の時代

吉長の改革の後、十八世紀後半から十九世紀初めにかけて、財政再建のために「宝暦の改革」などの再度の改革を試みた。藩主自ら倹約を徹底し、藩士からは知行の半減を求めるなど負担を強いた結果、藩財政は好転し改革は一応の成果を収めた。

## 浅野宗恒・重晟・斉賢

宝暦二年（一七五二）、吉長の死去に伴い嫡子の宗恒《むねつね》が三十六歳で第六代藩主となった。宗恒は七十一歳まで生きるが、在任期間はわずか十一年足らずで、嫡子の重晟《しげあきら》に藩主の座を譲って隠居した。隠居の原因は、江戸での大名間の確執ともいう。宗恒が藩主となった頃の藩財政は、享保十七年（一七三二）の飢饉以降、借入が膨れ上がっていた。その上、宝暦五年・七年には領内で暴風雨・洪水の被害があり、合わせて十七万石分の田畠の損害があった。さらに同八年、城下が宝暦の大火★にみまわれた。これらの災害もあり藩財政は引き続き苦境であったが、宗恒は後述する宝暦改革を推進し、財政再建の道筋を開いた。

宗恒に代わり宝暦十三年に第七代藩主となったのは二十一歳の重晟で、寛政十

▼宝暦の大火
宝暦八年（一七五八）四月三日〜四日にかけて広島城下で発生した近世最大の火災。被害は城中の櫓四、縮景園のほか、藩の諸施設、侍屋敷一二七、寺社二二、町屋三〇五〇など、元安川以東のほとんどが焼失した。

一年（一七九九）に隠居するまで在任三十六年間であった。重晟の治世は、田沼意次《おきつぐ》が幕府の政治を主導した田沼時代と、その次の老中松平定信による寛政の改革の時代に当たる。この間、父宗恒を受け継いで徹底した緊縮政策による倹約を進め財政再建に努めた。具体的には、家臣や領民に対して一切の贈答を停止し、衣服はすべて麻・木綿に限るとして、絹の着物を禁止した。重晟自身も、銀ではなく真鍮製のキセルを使ったり麻製の裃《かみしも》を使用したりと、徹底して質素な生活を送って家臣に範を示したという。また、領内各地での特産品作りも奨励した。

第八代は重晟の嫡子斉賢《なりかた》で、寛政十一年に二十七歳で藩主となり天保元年（一八三〇）に亡くなるまで三十一年間務めた。文化・文政年間（一八〇四～一八三〇）を中心とする時期で、江戸を中心に成熟した町人文化が花開いた時代であった。斉賢の治世は、宗恒以来の改革が実を結び藩の財政が安定した結果、経済政策や文化・教育方面にも積極的な藩政が展開された時期であった。

## 宝暦改革

宗恒が藩主に就任した頃の藩財政は、先述のように苦しく、また、十八世紀後半頃には貨幣経済が浸透し商品経済が進展する中で、領内の村でも階層分解が起こるなど、地域社会にも変化がみられるようになった。宗恒はこのような状況を

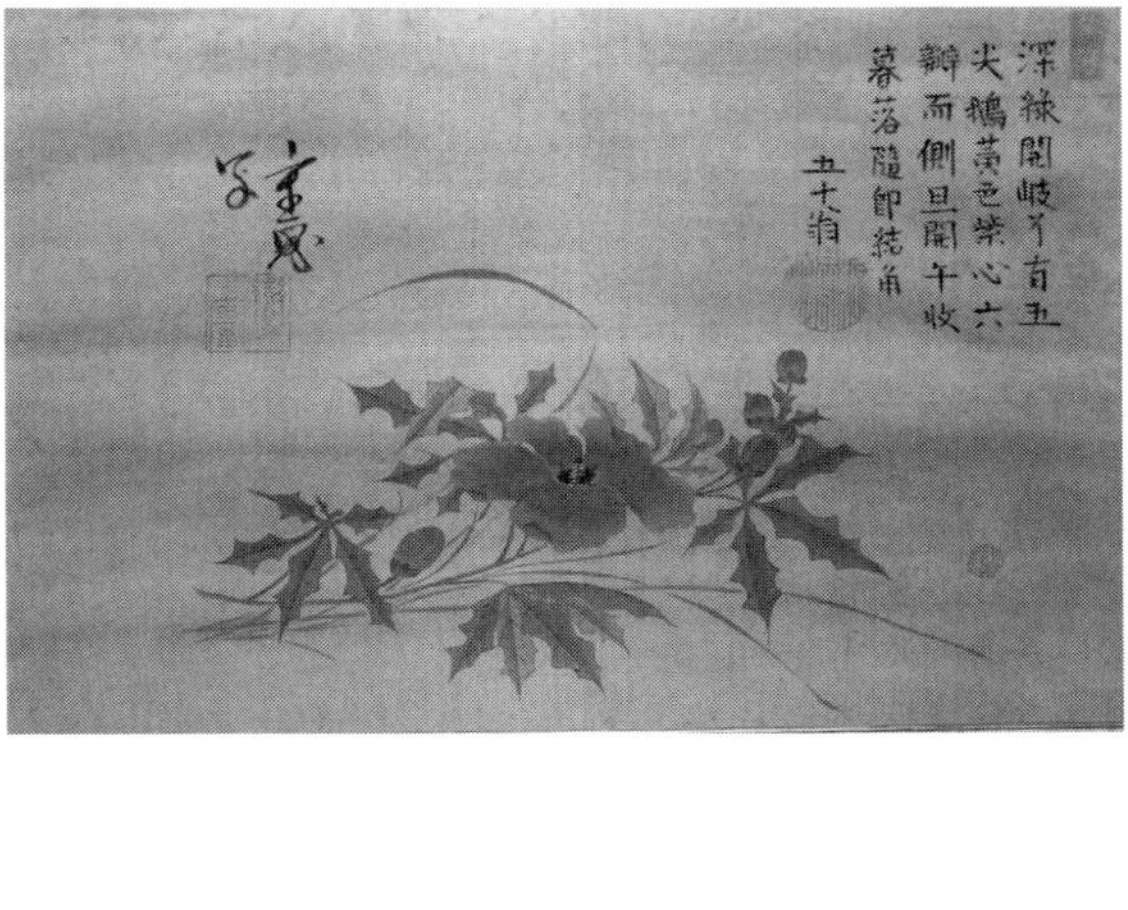

浅野宗恒賛・重晟画「黄蜀葵図」
（原家文書　広島県立文書館寄託・写真提供）

踏まえて宝暦の藩政改革を断行した。その内容は、人員整理・経費節減と倹約、藩士の給料削減、在方での郡や村役人への綱紀粛正などである。

また藩士の給料削減については、借上と称して給料の半額カット（半知）を実施した。宝暦三年（一七五三）から七年間の期限付きではあったが、藩士の家計が相当に逼迫したため、同六年からは二割カットに軽減した。さらに、吉長が定めた永代禄の制も宝暦四年に廃止した。家臣に自覚を促すための制度であったが、財政の負担の一因となり賞罰が難しくなるなど弊害も大きくなっていた。

在方ではこの時期、村内で、村役人と一般の百姓との間での摩擦が大きくなっていた。百姓たちは、村役人による不正な会計、不要な経費の支出などを疑い、このような事案が村方騒動《むらかたそうどう》★の伏線となっていた。藩も状況を把握しており、宝暦四年には百姓への措置は、「正道」に取り計らい、いささかも「邪の筋」がないように、との基本方針を郡方の役人たちに厳重に申し渡した。その二年後、郡奉行の指示で各郡一～二村を選んで抜き打ちの会計検査を実施したところ、多くの村で不正や郡方役人が関わる贈収賄が発覚したという。これをきっかけに、在方の統治をより厳正に推し進めることになった。村政や郡政の適正化・綱紀粛正は、年貢を確保する前提として不可欠であった。

また長い年月の中で、耕作地と耕作者の関係や農地の格付けなどは変化していたが、検地帳の内容は更新されてこなかったため、実態に合わない点も多かった。

▼村方騒動
村役人を務め村を主導していた大百姓と、中小百姓の間で起こった村政を巡る紛争。百姓一揆に発展するものもあった。

そのために年貢の負担に不平等が生じており、百姓の不満のひとつであった。藩としては、新たな検地を実施するべきだろうが、実際には難しく、結局、村が主体で独自に行った土地調査（「地こぶり」「地ならし」と呼ぶ）によって検地帳の修正を行うこととした。これによって年貢負担の不平等の解消が期待された。

この時の土地調査の特徴は、情報の更新を行うものの、村高は不変とした点にある。正保の検地以降開拓などによって新たに田畠となった部分については、調査の対象ではあるものの村高として計上されなかった。つまり、情報の更新は、村内での負担割合の調整にとどまり、藩は、石高増加による年貢の増徴まで踏み込むことができなかったことを示唆している。

## 「芸侯の商売上手」と借銀の変化

宗恒《むねつね》、重晟《しげあきら》、斉賢《なりかた》と財政再建の改革を進める中で、農産物や商品の他国への移出に力を入れた。広島藩は領内産の産物を大坂などで販売し、その利益を藩の収入にした。同様の取組は他藩でもみられたが、広島藩の戦略について海保青陵《かいほせいりょう》は、★代表的な経済書『稽古談《けいこだん》』の中で「商売上手」と高く評価した。

同書に記される広島藩の商売とは、米が最も安価な収穫直後の秋に、広島藩内の港町で米市を立てて周辺の小藩から米を買い集める一方で、米相場の動向を見

▼海保青陵
一七五五―一八一七。江戸時代中・後期の経世家で、商品経済に依拠した積極的な殖産興業策を説いた。主著『稽古談』は文化十年（一八一三）成立。

て米を売りさばくことで、利益を上げた。米を買い取る際の広島藩の米代金の支払いは迅速だったという。

その他、重晟は倹約を徹底する一方で、できるだけ藩の外部から商品を買わずに、藩内産の物品でまかなおうと、自給自足化政策（国産品の充実化）を展開し、江戸の藩邸などでの消費財も藩内産にすることを目指した。

藩外と取引をする際の決済手段には、共通の貨幣（正貨）である銀や金が用いられたため、他藩や他領から移入額が多いほど広島藩から正貨が流出するが、藩内での消費を自藩内産で自給できれば、正貨の流出を防げる。さらに領内で藩札を流通させれば、市場の銀を回収して藩庫に貯蔵できる。その分、正貨を大坂での決済や、鴻池らの大名貸への返済にあてることができた。

ちなみにこの時期に領内で奨励されたものには、次のものがある。栽培では、唐櫨《とうはぜ》★、漆《うるし》★、越後苧《えちごそ》★、茶、サトウキビなどが移植栽培された。養蚕も奨励され、広島藩産の絹織物業の振興を試みた。また綿実や菜種を増産して、油の生産業を振興させた。重晟の頃は「国品化」によって藩内での自給を目指したが、続く斉賢の頃にはさらに一歩進めて、これらの産品を、広島藩の特産品として売り出して、利益を上げるようになっていた。

▼**唐櫨**
ろうそくの原料で琉球櫨ともいう。

▼**漆**
漆塗りの原料。

▼**越後苧**
漁網などの素材となる麻の原料。青苧ともいう。

## ②

# 都市の発展と学問・文芸の隆盛

江戸時代中期以降、塩田で栄えた竹原では頼家が登場し広島の学問をリードした。港町の尾道でも町人文化が育まれるなど、民間でも学問が盛んになった。女性画家の平田玉蘊はその代表的な存在である。

### 竹原と頼家

竹原は十七世紀後半から「塩田の町」として発展しながらも、十八世紀半ばの宝暦~明和年間(一七五一―一七七二)には全国的な塩の供給過剰による塩田不況に苦しんでいた。そのような中で十八世紀後半以降、新たに周辺地域の生産物を集荷し積み出す港として活路を見いだし、繁栄を維持していた。そして、富裕な町人達の関心は学問へも向けられて多くの学者たちを輩出し、竹原は後世「文教の町」と呼ばれるようになった。そのシンボルともいえるのが「東の大槻《おおつき》★、西の頼《らい》」と全国にその名をとどろかせた頼家である。

頼家の祖先は小早川氏に仕え、三原近郊の頼兼《よりかね》村出身と伝える。竹原に移住した初代が総兵衛で海運業を営み、二代弥七郎が紺屋《こうや》(染物屋)を始めたとされる。

▼大槻家
仙台藩や文藩の一関藩で活躍した学者を多く輩出した一族。とくに、蘭学者の大槻玄沢は有名。

屋号は頼兼屋で、頼家の名字もここに由来している。そして、その孫が四代目紺屋又十郎（頼惟清《らいこれすが》、一七〇七～一七八三）で、彼は儒学を塩谷道碩らに学び、町年寄吉井豊庸に和歌の手ほどきを受けるなど、当時の竹原の有力町人たちの文芸活動に参加し、学問を深めた。妻仲子も和歌に優れていたという。

彼には三つの望みがあり、それは、子を学者にすること、富士山を見ること、家を新築することであったという。頼家は町年寄や庄屋などの町の主導層ではなく、商売も小規模で、立身出世の望みは学問を修め学者となることであったと想像される。そして、彼の三人の息子弥太郎《やたろう》（春水《しゅんすい》）、松三郎《まつさぶろう》（春風《しゅんぷう》）、万四郎《まんしろう》（杏《きょう》坪《へい》）の兄弟は、父の期待に応えて学問に励み、「三頼」として全国に名を知られる存在となった。ここでは、春水とその息子山陽、春風《しゅんぷう》、杏坪《きょうへい》を紹介したい。

頼春水は、藩を代表する儒学者で、幕府の寛政異学の禁に先行して藩学を朱子学に統一し、幕府の昌平黌《しょうへいこう》（のち昌平坂学問所と改称）でも教鞭《きょうべん》をとるなど、当時の儒学者たちにも一目を置かれる存在で、漢詩や書にも秀でていた。

春水は十九歳で大坂に赴き学問を修め、二十七歳で塾を開いた。（息子の山陽は翌年誕生）。妻は大坂の儒学者飯岡義斎《いいおかぎさい》の娘静子で梅颸《ばいし》とも名乗った。ちなみに梅颸の妹は、「寛政の三博士★」の尾藤二洲《びとうじしゅう》の妻となった人物である。

その後山陽が誕生すると間もなく、春水は広島藩に藩儒として招かれ、一家で広島城下に移住する。そこから梅颸は日記★を書き始めて、五十九年間続けた。

**県史跡「頼惟清旧宅」（竹原市）**
この住宅は、惟清が晩年を過ごした場所で、安永４年（1775）頃の建築である。

**▼寛政の三博士**
松平定信が主導した寛政の改革のうち、寛政異学の禁（幕府の学問所では朱子学以外の儒学を禁ずること）を推進した三人の儒学者。柴野栗山、古賀精里がいる。尾藤二洲の後、岡田寒泉が加わった。

**▼「梅颸日記」**
この日記には、幼少期から青年期の頼山陽についても多くの記事がある。中でも山陽の病状について丁寧な記載があり、母の息子への深い愛情が読み取れる。

頼春水の長男、頼山陽は、のちに京で学者として大成し、主著『日本外史《にほんがいし》』は幕末の志士等の愛読書となるなど、のちの時代にも大きな影響を与えた思想家であった。書や絵、漢詩にも秀でた多彩な人物で、春水の盟友菅茶山は、少年時代の山陽の才能を高く評価している。十代後半に江戸で学んだ山陽は、三都（江戸・京・大坂）で活躍したいという夢を持った。そして、江戸から広島に戻ったのちの、寛政十三年（一八〇〇）、二十一歳の時、脱藩を企てて出奔《しゅっぽん》、京で叔父杏坪に見つかり連れ戻されるという事件を起こした。この事件は頼家にとって一大事であったが、春水は山陽を廃嫡にして自宅に幽閉し、弟春風の子景譲《けいじょう》（元鼎）を嫡子に迎えることで頼家の安泰を図った。なお、この一件に関わって、山陽の息子聿庵《いつあん》は春水の子として育てられた（春水の晩年に景譲が亡くなり、聿庵が跡を継いでいる）。

　山陽は、幽閉が解かれた後、文化六年（一八〇九）末、備後福山藩神辺の菅茶山に廉塾の都講（塾頭）として招かれ、備後福山藩の神辺に赴いた。春水と茶山の間で、山陽を茶山の養子とし、いずれ廉塾の後継者に、とも考えたようだが、山陽にはその気はなく、神辺での生活は一年余りで京に出奔し、学者としてその才能を開花させた。

　さて、春水の弟春風は、兄に代わり竹原の実家を継いだ。彼も儒学を修め、医者として活躍するとともに、兄春水のすすめに従い竹原書院を立ち上げ講師を務

頼春水肖像
（広島県立歴史博物館〈頼山陽史跡資料館〉蔵・写真提供）

頼山陽肖像
（京都大学総合博物館蔵）

頼春風肖像
（広島県立歴史博物館〈頼山陽史跡資料館〉蔵・写真提供）

めるなど、竹原の学問に貢献した。また、春風は山陽の良き理解者であったといわれる。山陽の廃嫡の際には、ただ一人の息子景譲を兄の養子とするなど、兄春水や頼家のために尽力し、自身が継いだ竹原の頼家には、婿養子を取った。春風は、父の紺屋を叔父に譲って自身は塩田の経営を行う一方で天明元年（一七八一）には春風館★を建築、竹原で医者を開業した。春水没後の文化十三年には、春水の跡を継いだ聿庵の後見人として藩から七人扶持、御医師格を与えられた。

　春水の末弟杏坪（春草）は、春風の十歳、春水の三歳年下で、儒学者・行政官・能書家として知られる。九歳での朝鮮通信使の忠海《ただのうみ》寄港時のエピソード（一二七頁）が示すように幼い頃から書の才能を発揮していた。十八歳で大坂へ出て兄春水に学び、二十五歳で大坂へ再度遊学、三年後春水に付いて江戸に遊学した。三十歳で広島藩儒となり学問所勤務を命じられた。その後江戸で藩主世子の教育係などを務め、この間に「芸備国郡志」の改修を命じられている（本章四節）。

　五十代後半になって行政官としての任務に就き、文化十年に備後国北部の三次《みよし》郡・恵蘇《えそ》郡代官となる。この年に飢饉の備えとして恵蘇郡内に三〇〇〇本の柿の植樹を行った。さらに、文政元年（一八一八）、七十三歳で三次町奉行となり三年間務めた（この時の役宅を杏坪は運甓居《うんぺききょ》★と名付けた）。壮年期に代官を歴任した杏坪は、藩の専売制が庶民の利益を奪うことに着目してこれを批判する建議を行うなど、民政の改善に努めた。三兄弟中ただ一人行政の実務に携わり、長年学んでき

**▼春風館**
たけはら町並み保存地区［国の重要伝統的建造物群保存地区］にあり、国の重要文化財に指定されている。ただし現在の春風館は、安政元年（一八五四）に焼失後、翌年再建されたもの。

頼杏坪肖像（個人蔵）

**▼運甓居**
現在、「頼杏坪役宅」として県史跡に指定されている。

た朱子学を政治に生かす実践家でもあった。

杏坪について田能村竹田《たのむらちくでん》★が次のようなエピソードを残しているので、紹介したい。それは、竹田が菅茶山との酒の席での話を記録したもので、「万四郎（＝杏坪）は馬鹿者にてござる。この頃は蚊の歌一〇〇首を作る。又この頃はいつものむつかしき詩を寄せ示すその中には、さんずいにくそという字も作っている」と茶山が笑って語ったという。ここから茶山の杏坪に対する親しみが読み取れる。

菅茶山は、頼三兄弟と懇意であったが、親交の色合いは異なっていたようだ。春水とは文字どおり学問の盟友であった。春風は、在野の自由な気風や温和な人柄が茶山と合ったようだ。杏坪には、実直でありながらも愛嬌や遊び心のある人なつこい人柄にも魅力や親しみを感じていたのかも知れない。

## 尾道の発展と文化人

尾道は、広島藩を代表する備後国最大の町で、瀬戸内海の兵庫港から下関《しものせき》港の間でも最大の港であった。江戸時代前半は大坂に上る船に対し、広島藩や近隣藩領の領主米や特産物を積み出す基地として、また、日本海側から来る北前船が積んできた山陰・北陸の領主米や特産品の集散地・中継地として機能していた。

しかし、十九世紀を迎える頃になると、新興の港町の台頭から、尾道に立ち寄ら

頼杏坪役宅（三次市）

▼田能村竹田
一七七七―一八三五。江戸時代後期の文人画家で、頼山陽とも親交が深かった。

ない船も増え、寄港船が減少することになった。

そのため、焚場《たで》★を目当てに寄港する下り船舶相手に、塩・綿・煙草《たばこ》・畳表・帆・扱苧《こぎそ》・碇《いかり》などの国産品の販売を主体とするようになった。この機能の変化は、全国的な流通機構の変化に伴うもので、かつての諸国物産の中継基地的な機能から、領内産品の藩領外への移出基地という性格を強め、これらの販売による正貨★獲得の窓口となった。これは時代の変化に対応したともいえるが、その過程の中で、尾道の商人たちは淘汰され、有力な商家の中には没落するものも現れ、町人の階層分解も進んだ。そして、多くの浮過《うきすぎ》と呼ばれる賃金労働者層が増えた。彼らに借家を提供する家主は、一部の有力商人に集中していた。

ところで江戸時代後期、町年寄などとして尾道の町の運営に携わったのが、橋《はし》本竹下《もとちっか》（灰屋）と亀山士綱《かめやましこう》（油屋）らである。彼らは家業や町政運営の一方で、詩作や画などの文芸に秀で、文化人としても地域の文化活動を主導、歴史にその名を残した。二人は、菅茶山に学び、頼山陽や田能村竹田ら当時の一流の文人をはじめ、尾道に立ち寄る文人墨客をもてなし、交わった。亀山士綱は、尾道の地誌「尾道志稿」を編纂した人物でもある。

彼らと同世代で、同じく尾道の有力商家に生まれたのが女性画家平田玉蘊《ぎょくおん(うん)》である。生家の福岡屋は木綿商で、曽祖父の代には、菩提寺持光寺の鐘楼を寄進するほど財力を蓄え、屋敷の庭には富の象徴であるソテツが植えられていた。

▼焚場
木造船の船底に付着したフナクイムシを火であぶって除くための施設。傷んだ船を補修する場でもあった。

▼正貨
幕府が発行した全国共通の金貨、銀貨。

しかし、先述の変容する尾道の中で、玉蘊の父の代頃から次第に家業は傾き始めたといわれる。玉蘊の父は五峯《ごほう》という号を持ち、画を尾道出身の南画★の大家福原五岳★に学んだ。玉蘊は、天明七年（一七八七）に生まれ、名は豊《とよ》であった。幼い頃から画の腕前は評判となっていたようで、松平定信が家臣を全国に派遣して古物調査を行った際、併行して調査員に各地の画家の作品を集めさせていたが、それをまとめた画帖「楽翁画帖」★に当時十三歳の玉蘊の作品が収録されている。

また、頼山陽が自宅蟄居中の文化元年（一八〇四）に玉蘊の画に賛を記した合作が残っている。この中で山陽は、当時十七歳の少女の画風をほめている。

玉蘊の母方の親戚の儒学者で漢詩の名手草香《くさか》孟慎《もうしん》が尾道に身を寄せており、父五峯や草香の交友関係の中で頼春風や菅茶山も玉蘊を知ったと想像される。春風は、竹原での山陽と玉蘊の出会いのきっかけを作るなど、その後も玉蘊の理解者として深く関わった。その後、山陽と玉蘊は交際を始め、山陽が備後神辺にいた頃、婚約の話もあったようだが、山陽が京に出奔した後、別離した。文化初年に父が没してからは福岡屋は父の弟が経営していたが、玉蘊は実家に残り、妹の長男を自らの養子として福岡屋の跡取りとした。自身は、子育てをしながら絵師として身を立てた。

この玉蘊を橋本竹下や亀山士綱らは様々に支援したと思われる。また、菅茶山は自分の漢詩を玉蘊の画に着賛したり、江戸や京の文化人達に玉蘊の画を紹介し

**▼南画**
江戸時代中期以降に盛んになった中国風の絵画で、文人画とも呼ばれる。池大雅や与謝蕪村らが大成した。

**▼福原五岳**
一七三〇―一七九九。尾道出身の南画家で、池大雅の高弟。はじめ京都、のち大坂に拠点を移し活動した。

**▼楽翁画帖**
現在は巻子装で、平野美術館所蔵。ちなみに、この画帖には亀山士綱の当時十一歳の娘万の作品も収録されている。彼女も画に秀でていたが、その後あまり画を遺さなかったらしい。

たりと、サポートを惜しまなかった。現存する茶山の日記に玉蘊が何度も登場しており、二人の結び付きを裏付けている。玉蘊は当時の一流の文化人らと交流を持ちながら、画業を続けた。

玉蘊は幼い頃は南画を、その後文化年間（一八〇四～一八一八）に京で八田古《はったこ》秀《しゅう》★に画を学んだが、実際、四条派★風の作品など多様な作品を遺している。花鳥画や人物画が多い。中でもとくに有名なのが、天保五年（一八三四）に玉蘊が尾道の慈観寺《じかんじ》★に納めた襖絵《ふすまえ》の大作「桐鳳凰図《きりほうおうず》」である。

玉蘊はその後、安政二年（一八五五）に没するまで多くの作品を遺した。日本で初めての女性の職業画家ともいわれている。多くの流派の様々な画家がしのぎを削る三都ではなく、藩府広島からも離れた位置にあり、財力を持つ商人たちが活躍する港町尾道で、多様なニーズに応えながら数多くの作品を遺した。玉蘊はまさに江戸時代後期という時代に地方の港町尾道が生み出した女性画家といえるかも知れない。

現在、地元尾道では、玉蘊の命日に当たる六月二十三日頃に玉蘊の菩提寺持光寺《じこうじ》で「玉蘊忌」が催されている。また令和元年（二〇一九）十一月には、持光寺境内の金比羅堂《こんぴらどう》に玉蘊の展示室がオープンした。

▼八田古秀
一七六〇―一八二二。円山応挙の弟子で「応門の十哲」（応挙門下の高弟）の一人。

▼四条派
円山応挙の弟子の呉春が開いた絵画の一流派で、写実を重んじるのが特徴。応挙の流派とともに円山・四条派とも呼ばれる。

▼慈観寺
尾道にある時宗の寺院で、町年寄の橋本家の菩提寺。天保の飢饉の際、橋本竹下が救済事業として本堂を再建した。「桐鳳凰図」もその際に作られた。

持光寺金比羅堂（尾道市）

持光寺・平田玉蘊墓（尾道市）

# ③ 芸轍と広島藩の医学

学問の分野においては、浄土真宗の教義研究が全国的にも名高く、中心的な役割を果たしたのが「芸轍」と呼ばれた学僧であった。医学でも全国に名を知られた人物を輩出している。一方で地方医療に尽力した医者もいた。

## 安芸門徒と三業惑乱《さんごうわくらん》

安芸国を中心に、広島藩では浄土真宗の信者が多く、江戸時代の後期には「備前法華に安芸門徒」と評されるなど、藩外からも認識されていたようだ。この地域の浄土真宗の信者たちは、かつて石山合戦★で毛利氏とともに本願寺を支援したことでも知られ、浄土真宗はこの地域に根付いていった。十八世紀初頭の元禄の頃、学問が盛んになる中で、西本願寺の教義の研究も進み、安芸地域の浄土真宗僧侶も活躍し始める。その約百年後の十八世紀末から十九世紀前半頃、安芸門徒の名前は全国的に有名になった。その基礎を築いたのは広島の慧雲《えうん》で、大瀛《だいえい》★や僧《そう》叡《えい》ら優秀な僧侶を多く育成した。彼らは「芸轍《げいてつ》」★と呼ばれた。

芸轍の先駆とされる慧雲は、各地域の講★を、在家の信者が信仰を深めるための

**▼石山合戦**
一五七〇―一五八〇。織田信長と石山本願寺との戦争。石山本願寺は、現在の大阪城の位置にあった。

**▼大瀛**
一七五九―一八〇四。安芸国山県郡筒賀村に医師の三男として生まれた。広島で慧雲に学ぶ。反三業派の代表的な存在で、京や江戸で三業派と論争した。

**▼芸轍**
安芸国の浄土真宗で、先師の轍をふみつつ、さらにそれを進める学統の意。

**▼講**
地域で構成される浄土真宗の信者の組織。

組織として期待した。江戸時代後期以降、各地の講では、月に一度集まり僧侶の法話を聞く機会を設けた。このため、講の参加者は浄土真宗の教義を深く理解し、安芸門徒の篤信的な性格がいっそう強くなった。一般に、講では葬式などの相互扶助や香典の規定など信仰上の取り決めを行うが、広島藩の講は、田畠の耕作や水利、入会山のことなど、生活全般の相互扶助組織として機能した。地方行政機関の末端の役割も果たし、藩も民衆教化の観点からその活動を容認した。このように講は、人々の信仰だけではなく日々の生活に密着した組織であった。

　そして、安芸門徒と芸轍の名を全国的に広めることになったのが「三業惑乱《さんごうわくらん》」で、そこで活躍したのが大瀛であった。十八世紀末の寛政年間頃に、西本願寺の本山学林で唱えられた「三業帰命説《さんごうきみょう》」★に対して、広島など各地の学僧を中心に、弥陀《みだ》に往生を祈願請求する態度が他力本願の教義に反するという批判が高まった。この対立は、全国から三業派と反対派が上京して西本願寺で暴動が起こるほどであったが、本願寺ではこれを解決できず、寺社奉行の仲裁で「三業帰命説」が否定されて終結した。この一連の事件を「三業惑乱」と呼ぶが、この時、反三業派の立場から大瀛は本山学林への質疑書『横超直道金剛錍《おうちょうじきどうこんごうべい》』を著し、安芸門徒の協力を得て出版した。本書が「三業帰命説」否定を決定付けたといわれる。

　この他、大瀛の従兄弟の僧叡《そうえい》は、賀茂郡広村長浜の多賀谷《たがや》氏の招きによって、同地に作られた知泉社を拠点に教育や講釈を行った。その建物や蔵書は現存し、

▼三業帰命説
念仏を唱える時、身は阿弥陀仏を礼拝し、口では助け給えと言い、心では往生を祈願する、という説。

石泉《せきせん》文庫として県の重要文化財に指定されている。

## 広島藩の医学

江戸時代の医学界には、大きな足跡を残した広島藩出身の医者たちがいた。一方で地域医療に尽力した医者たちも多く知られている。

江戸時代前期から中期にかけて全国で流行した医学の流派に古医方《こいほう》★がある。広島藩の医学教育も古医方が中心であった。『蔵志《ぞうし》』★の著者として知られる山脇東洋《やまわきとうよう》は古医方の代表的な人物であった。彼の高弟で、東洋と並び古医方の大家の一人と評される人物に吉益東洞《よしますとうどう》（一七〇二～七三）がいる。彼は広島城下の出身で、三十歳頃「万病一毒説★」を唱え、三十七歳で京に出て著述活動等を行った。次第に彼の医学説は広く受け入れられ、その流派は吉益流と呼ばれた。

古医方の医者では、他に東洞と同時代に広島城下を拠点として活躍した恵美《えみ》三白《さんぱく》がいる。また、野坂完山《のさかかんざん》（一七八五～一八四〇）や土生玄碩《はぶげんせき》（一七六二～一八四八）も古医方に学んだ医者であった。

野坂完山は賀茂郡寺家《じけ》で活躍した医者・教育者で、若い頃に広島や京で医学を学んだ後、帰村し医者として家業を継ぎ、塾を開いて多くの門人を育てた。

広島藩内にコレラが流行した際に、私財を投じて村民らに予防接種を行い、多

**▼古医方**
中国の漢の時代の医学への回帰が尊ばれ、理論より実践を重視する医学であった。

**▼蔵志**
『解体新書』以前に実際に人体の解剖を行った日本初の解剖書。宝暦九年（一七五九）刊。

**▼万病一毒説**
あらゆる病気は、体の中に生じた一種類の毒によって引き起こされるという説。

野坂完山墓（東広島市）

くの人々を救ったというエピソードが残るなど、社会福祉にも貢献し、人々から敬慕された「仁医」であった。生涯を寺家で過ごしながらも天保五年（一八三四）には藩から御医師格に列せられたのは、彼の医師としての名声によるものと思われる。彼の門人には、幕末・明治維新期に福山藩などで活躍した江木鰐水《えぎがくすい》★もいた。ちなみに、完山の墓は鰐水ら弟子が建立し、碑文の撰者は鰐水であった。「野坂完山之墓」として広島県の重要文化財に指定されている。

土生玄碩《はぶげんせき》は、高田郡吉田村の眼科医の家の生まれで、シーボルト★との交わりでも知られる。若い頃に大坂・京で吉益流の古医方を学び、郷里で家業を継いだ。再び上方で学んで大坂で開業、享和三年（一八〇三）に藩医となったらしい。

彼が名声を得たのは、文化五年（一八〇八）に江戸に招かれて盛岡藩主に嫁いでいた広島藩主の娘の眼病を治療した時で、以後、江戸で開業した。文政九年（一八二六）にオランダ商館長の参府に随行して江戸に来たシーボルトに教えを乞い、交流を深めた。その際、シーボルトから薬を得るため、玄碩は将軍から拝領した葵の紋の入った服をシーボルトに贈っている。

その後、文政十三年（一八三〇）、シーボルトが日本を出国する際、国禁の日本地図持ち出しが判明し関係者が処罰を受ける中（シーボルト事件）、玄碩の葵の紋服もシーボルトの荷物から発覚した。この一件で玄碩も罪に問われ、官禄を剥奪の上、座敷牢につながれてしまう。天保八年（一八三七）に赦され、その後江戸

▼江木鰐水
一八一一―一八八一。出身は豊田郡戸野村。頼山陽に学んだ。福山藩の儒学者、洋学者で阿部正弘に仕えた。幕末維新期の福山藩を支えた。

▼シーボルト
一七九六―一八六六。ドイツ人で、文政六年に出島のオランダ商館に医官として来日。長崎郊外に鳴滝塾を設けて高野長英ら多くの門下生を育てた。著書『日本』などで、日本の文化や自然を西洋社会に紹介した。

土生玄碩『医家先哲肖像集』
（国立国会図書館蔵）

深川で開業した。

ほかにも広島藩出身者でシーボルトに学んだ医者がいた。山県郡新庄村の日高凉台《りょうだい》である。凉台は当時の長崎を代表する蘭学医吉雄耕牛《よしおこうぎゅう》やシーボルトに学んで郷里で開業した後、大坂、さらに竹原に移り開業、眼科に優れていたとされる。

また、広島藩出身ではないが、シーボルトの門下生でとくに有名な高野長英《たかのちょうえい》も広島藩にゆかりがある。彼が長崎からの帰りに広島に立ち寄り広島城下に滞在して治療や講義を行ったという。のちに蛮社《ばんしゃ》の獄★で捕まった後、脱獄して全国を転々と逃亡生活を送ったが、その間の一時期、広島に身を寄せていた。その時、広島藩医後藤松軒《しょうけん》が日渉園《にっしょうえん》（後述する藩の薬草園）にかくまったと伝えている。

そのほか、特筆すべき人物として、十八世紀末頃、広島だけでなく江戸の蘭学者たちにも高く評価された医者に星野良悦《りょうえつ》（一七五四～一八〇二）がいる。彼が制作した「身幹儀《しんかんぎ》」と呼ばれる木製の全身骨格の標本が、当時の日本の蘭学をリードしていた杉田玄白や大槻玄沢らに絶賛されたのである。

星野良悦は広島で代々町医者を務めていた家に生まれた。良悦が若かった頃、顎《あご》の脱臼を治療した医者がいて、良悦はその治療法を請うたが断られ、そのことで独自に骨の仕組みを学ぶ必要を痛感したという。そこから良悦の人体骨格への関心は高まり、ある日、偶然に草むらの中で比較的新しい髑髏《どくろ》を見つけ、顎の関節を調べて治療法を得た良悦は、顎の脱臼を訴える患者の治療に成功したという。

▼蛮社の獄
天保十年（一八三九）の、幕府による洋学者弾圧事件。前年に幕府が商船モリソン号を砲撃し追い払ったことを批判した高野長英や渡辺崋山を逮捕した事件。「蛮社」は、洋学研究者のグループ名。

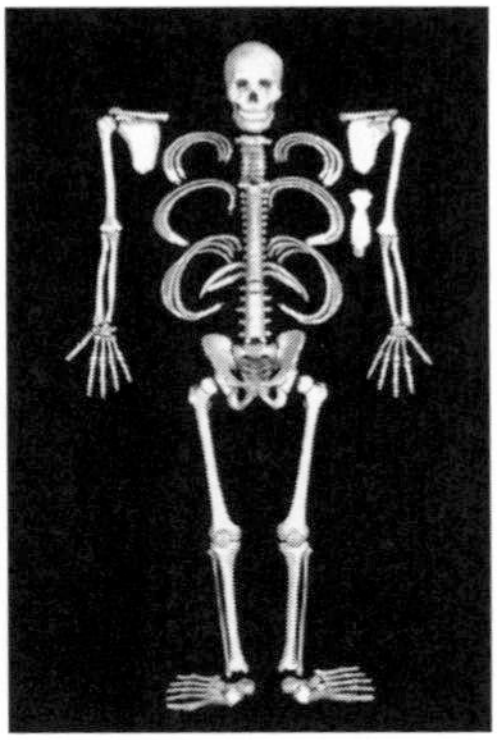
身幹儀
（広島大学医学部医学資料館蔵）

その後、七十歳近くなった頃、刑死体を二体譲り受け、一体は解剖して身体の内部を観察し、もう一体は人体の骨格全体の観察用とした。そして原田孝次という職人に木製の模型を作らせた。模型の完成までには三百日を要したという。寛政三年（一七九一）のことであった。

寛政十年にこの骨格模型を持って江戸に行き、杉田玄白や大槻玄沢ら蘭学者に絶賛された。良悦の江戸滞在中、この模型は大変な評判となって、著名な文化人数百人が良悦を訪れた。同年に出版された「蘭学者相撲番付」では、良悦は東方に張り出され「当角力《すもう》の骨古今の大当たり」と紹介されるなど、蘭学界で一大ニユースとなっていたことがわかる。

帰国した良悦は寛政十二年に、もう一体作成し幕府に献上した。この模型は大槻玄沢によって「身幹儀」と命名され、幕府の医学館に納められた。そして、良悦にその功を賞して金三十両を与えている。現在、幕府に献上された「身幹儀」は所在が不明で、現存するのは広島に残された一体のみである（国重要文化財に指定）。良悦の没後は、浅野藩の藩医であった後藤家に伝わり現在は広島大学医学資料館の所蔵となっている。

幕末に近付くと、次第に広島藩内の医療事情にも西洋医学の成果が導入されるようになった。その代表的な例が種痘★の実施である。この種痘が日本に持ち込まれたのは嘉永二年（一八四九）で、オランダ商館の医師モーニッケが長崎で実施

▼**種痘**
天然痘の予防接種。治癒しても顔など皮膚に疱瘡の痕跡を残し、幼児や妊婦の致死率が高いことで恐れられていた天然痘を予防するための接種。牛から感染する牛痘〔症状は天然痘よりも軽い〕で身体にできた疱瘡の中の液体〔牛痘苗・種痘〕を、天然痘に感染していない別の人に接種することで天然痘の予防になるというもの。一七九四年にイギリスのジェンナーが発見。なお、ワクチンvaccineとは、本来はこの牛由来の種痘を指す単語である。

したのが初めてとされる。その後、蘭方医の努力によって次第に普及していき、幕府も安政五年（一八五八）に神田に種痘所を設置している。

その種痘が広島で初めて行われたのが、モーニッケが日本に種痘を持ち込んだのと同じ嘉永二年（一八四九）で、長崎のモーニッケから牛痘苗をもらい受けた佐渡の医者長野《ながの》秋甫《しゅうほ》が、帰途に広島に立ち寄ったことがきっかけであった。長野は、頼聿庵《いつあん》★の揮毫を求めて彼を訪ねたが、話が盛り上がる中で種痘の話になり、その医療の重要さに気づいた聿庵は、長崎でシーボルトの門人として学んだ藩医後藤松軒や同じく藩医三宅春齢《しゅんれい》ら当時の広島藩を代表する医者たちを集めて、改めて長野の話を聞かせたという。そして、聿庵らは、長野に懇願して自分たちの子どもに種痘を施術してもらっている。これにより、聿庵の娘二人は、広島で最初に種痘を受けた人物ということになった。

その後、広島でも種痘が行われるようになった。一時期、反対勢力の抵抗によって禁止されたが、その後禁令は解かれ、一万人以上に施術されたという。★広島での種痘の普及に力を注いだのが、藩医の三宅春齢《みやけしゅんれい》であった。

種痘は広島城下のほか領内各地でも行われ、三原の吉田石痴《よしだせきち》、山県郡有田村（北広島町）や高田郡本村（安芸高田市）で施術した児玉凉庵《りょうあん》等が知られる。

そのほか、在方には、各地に代々医者を生業とする家があったが、ここでは山県郡大朝村の保生堂《ほせいどう》を紹介したい。保生堂は、十九世紀初めに初代の周岱《しゅうだい》が開

▼**頼聿庵**
一八〇一―一八五六。頼山陽の実子。頼春水の跡を継いだ。広島藩儒で、書家として名高い。

▼**当時の種痘**
当時の牛痘苗は、接種した人にできる牛痘の疱瘡から採取して、別の人に施術する、リレー方式であった。

業した医療機関で、子の周文、孫の周元と続き、近年まで保生堂医院として存続していた。周元は、前述の児玉涼庵を招き、大朝で種痘を行った。文化十一年から六十年にわたる保生堂の診療記録「回生録」によれば、診療を受けた患者の数は二万人で、診療件数は三万件を超えるという。近隣の村や北隣の石見国へ出張診療にも出向いていている。

最後に藩の薬草園を簡単に紹介する。近世の薬草園といえば幕府の小石川薬園が知られるが、広島藩も寛政十年、沼田郡新庄村（広島市西区三滝本町）に藩営の薬草園を開設した。これが「日渉園《にっしょうえん》」で、眼下に太田川を見下ろす三滝山の山腹に造られ、薬草園で住居・庭園・薬草地からなっていた。

現在は庭園の一部が残るのみで、薬草地としての面影はないが、薬草地は西側が約七三〇〇平方メートル、東側が約一五〇〇平方メートルあり、西側では乾燥に適した薬草を、東側では湿潤に適した薬草をそれぞれ栽培していた。この庭園には藩主や家老、当時の文化人等がたびたび訪れていたという。現在は庭園であった部分に太鼓橋や、薬草研究・薬の調合をしていた建物の礎石が残る。

明治以降は後藤家が引き継ぎ、平成六年（一九九四）に「日渉園跡」として広島市の史跡に指定を受けた。その後平成十二年（二〇〇〇）に後藤家から広島大学に寄贈された。

日渉園跡（広島市）

◆4

# 『芸藩通志』の編纂事業と広島藩の地誌

江戸時代後期になると、全国的に領内の地勢や風土、特産物、伝承などをまとめた「地誌」が編纂された。広島藩が作成した『芸藩通志』はその代表的なものである。そして『芸藩通志』の編纂事業の傍ら、町方を中心に、各地域の地誌も編纂された。

## 広島の地誌

広島藩の地誌としては『芸藩通志』がよく知られるが、藩による初の地誌は、十七世紀半ばに朱子学者黒川道祐《くろかわどうゆう》★が編纂した『芸備国郡志』であった。

『芸備国郡志』は中国の明の地理書『大明一統志』の体裁にならって編纂された。上巻が安芸国八郡、下巻が備後国六郡（御調《みつぎ》、世羅《せら》、三谿《みたに》、奴可《ぬか》、三上《みかみ》、甲奴《こうぬ》）の二巻からなる。後の『芸藩通志』よりも情報量は少ないが、十七世紀半ばの広島藩の領域の様子を知る貴重な資料で、とくに土産の項は詳しく、この時期の藩内各地の特産品を知ることができる。本書は写本で多く伝わっている。

『芸備国郡志』の後、長く藩の地誌は改訂されず、十九世紀に入って『芸藩通志』が登場した。編纂の経緯は編集責任者の頼杏坪がその序文で記している。

▼黒川道祐
?—一六九一。江戸時代前期の医者・儒学者で林羅山や堀杏庵に師事した。広島藩医でもあった。

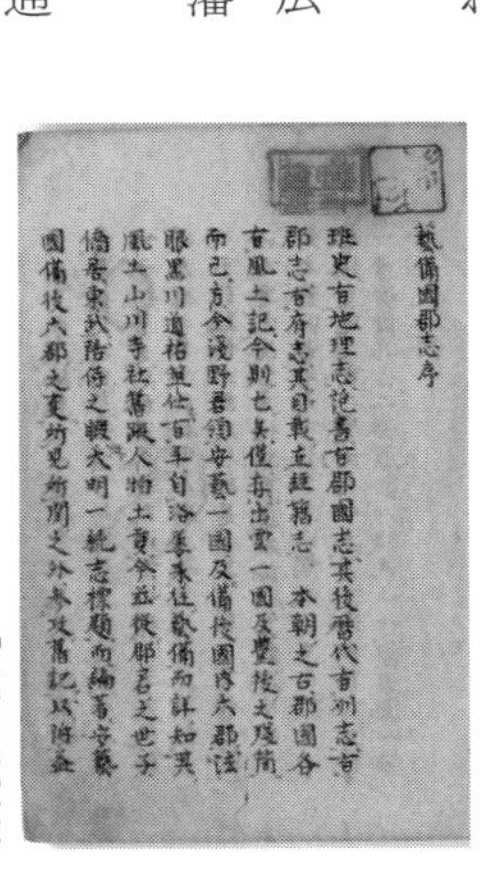

『芸備国郡志』
（野坂家文書　広島県立文書館寄託・写真提供）

それによると『芸備国郡志』は記述が粗く、その後、寛文四年（一六六四）に郡名の変更（八頁の図参照）もあり、改作は必要であったものの、改作事業は一筋縄では進まなかった。前藩主重晟は改作を望んだが、『芸備孝義伝』（一二八頁）の編纂中でもあったため難しかったという。その後文化元年（一八〇四）藩主斉賢は江戸詰であった杏坪に改作を命じた。杏坪は早速、国元に今後の進め方について連絡をしたが、幕府の測量事業（伊能忠敬の測量　一三〇頁参照）のため郡方では大出費があった直後なので、すぐに対応するのは難しいとの回答で実行に移せなかった。さらに文化八年に再度提案したが、経費の負担や、調査が村同士の争いに発展する心配があるとの理由で、調査は一部地域に限られ領内全域での実施は延期されたという。

ようやく藩が編集局を設置したのは文政元年（一八一八）で、文政三年までには基本的な調査結果（「国郡志下調帳★」）が各村・町から提出され、それを郡ごとに集約した「郡辻書出帳」が藩に提出された。そして杏坪をリーダーとする編集局で編纂作業が行われ、文政八年に一五九冊の『芸藩通志』が完成、藩主に上呈された。前藩主重晟の改作の意思表明から四半世紀以上経過していた。

その『芸藩通志』の体裁・構成は、まず領域全体について述べ、次に広島・三原・厳島・尾道について項目を立てて記述している。その次に安芸国八郡、備後国六郡の郡や村・町についての情報が記される。

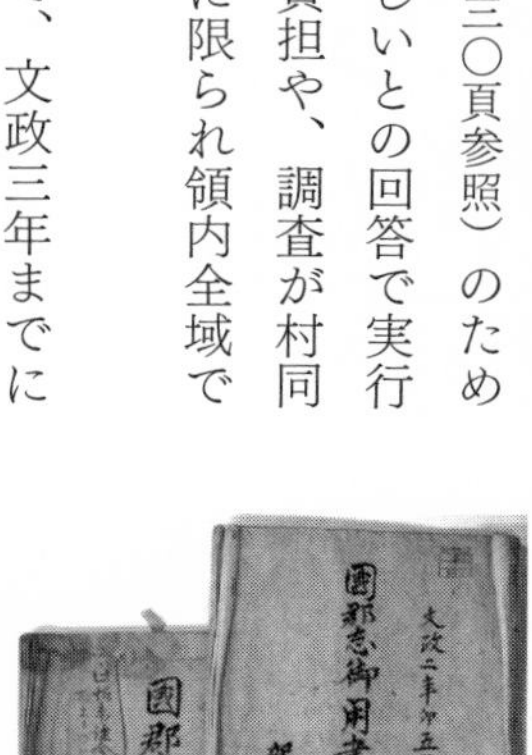

「国郡志下調帳」（賀茂郡柏原村、三升原村）（竹内家文書　広島県立文書館蔵・写真提供）

▼「国郡志下調帳」
『芸藩通志』を編さんする過程で、領内の町村から提出された資料。「国郡志御用書上帳」などと題するものもある。各町村の詳細な地誌として史料的価値が高い。ちなみに本書一三八頁、一五七頁の図もそれぞれ佐伯郡、山県郡の下調帳所収図である。

広島藩のこの地誌編纂事業は、長州藩の見本にもなった。長州藩では、天保年間（一八三〇～一八四四）に領内の地勢を把握するため「風土注進案」を提出させているが、その際に「国郡志下調帳」を参考にした。先に見た寺田臨川の「諸士系譜」同様、広島藩の文化事業の質の高さを示すものであろう。なお、『芸藩通志』序文中で杏坪は、本書の利用目的を政治を行うためと記し、「玩具文物」の類ではないと戒めている。実際、代官の下には各郡の写本が備えられていた。

また、『芸藩通志』編集に伴って広島城下を記述した「知新集」のほか「三原志稿」「尾道志稿」「竹原志料」が編集された。これらは、『芸藩通志』完成に先立って各地域の「国郡志下調帳」を基に町年寄などが編纂に当たった公的な地誌であった。それらの内容は、『芸藩通志』よりも詳細な内容で、とりわけ「知新集」は十九世紀初めの広島城下の様子を詳細に伝える貴重な資料である。

そのほか、民間でも地誌が編集された。宮島については、初の本格的な地誌として元禄十五年（一七〇二）に出版された小島常也《こじまつねや》の『嚴島道芝記《いつくしまみちしばのき》』がある。この本は『芸州厳島図会』（岡田清著、天保十三年（一八四二））など、その後の宮島の地誌のベースとなった。その他の地域では、享和三年（一八〇三）に尾道の学者勝島惟恭が編集した「芸備風土記」、文化十二年に成立した「蒲刈誌」などがある。

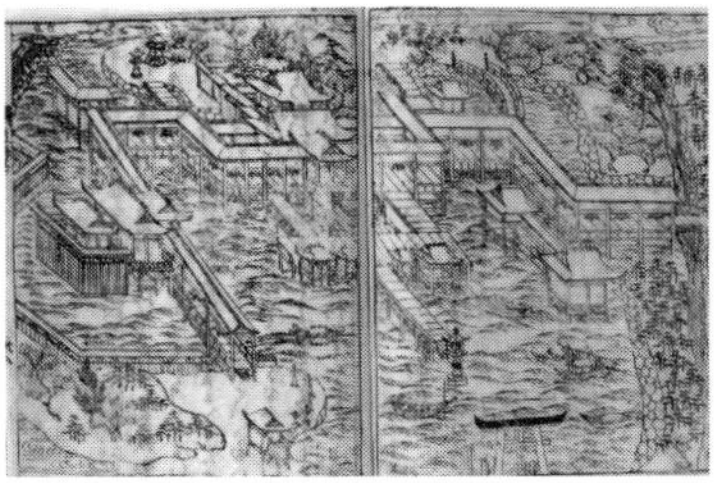

『嚴島道芝記』（野坂家文書　広島県立文書館寄託・写真提供）

これも広島

# 朝鮮通信使

朝鮮通信使は、室町から江戸時代に、朝鮮国王が国書とともに幕府などに派遣した公式の使節団で、江戸時代には一二回に来日した（文化八年（一八一一）は対馬まで）。

通信使一行は対馬藩に先導され、藍島、下関から瀬戸内海に入り大坂、大坂から川船で伏見、伏見から京都、さらに江戸までは陸路であった。帰りはその逆にたどり、経路に当たる諸藩には、宿泊や食事などの接待が命じられた。浅野時代の広島藩では、蒲刈《かまがり》が停泊地とされ、一行をもてなした。

通信使の派遣が決まるのは、実際に派遣される二年ほど前で、一年前に宿泊する港と、港で一行の世話をする大名（御馳走大名）が決定され、受入の準備が始まる。

正徳元年（一七一一）の蒲刈での受入では、対馬藩主の宿泊所として使用された本陣の奥の「上之御茶屋」を三使（正使・副使・従事官）の宿とし、本陣の北に隣接し福島雁木の正面にあった「下之御茶屋」（本来は藩主のための休憩所）を朝鮮の通訳の宿とした。御茶屋は、通信使の来朝に合わせて修繕をし、屋敷周辺には来日のたびに特別に仮設小屋を五棟建て宿泊所や莫大な量の食料品を保管する倉庫とした。

一方、広島藩が動員した藩士・足軽などは総勢で七五〇人を超え、諸郡からの人夫も含めると一二〇〇人を上回ったという。

そして、蒲刈での広島藩の接待で有名なのが「御馳走一番」と通信使から賞賛された食事であった。上官は「七五三」という当時最上の饗宴で、料理は五〇種、菓子も一〇種にのぼった。

下蒲刈・三之瀬
（通信使宿所跡）

ただしこれは、往路の夜の膳であり、昼の膳は、上官でも「五五三」と呼ばれるやや簡素な饗宴であった（帰国時に寄港した場合には膳ではなく、食料の支給のみ）。

料理以外にも、藩主から通信使らに進物を贈ることが通例で、延享五年（一七四八）の通信使の際は、往路の到着時から出発時までに三回贈られている。広島藩が支出した費用は、正徳度で八七〇〇両弱、その後宝暦度では二二〇〇〇両以上で、正徳度の二・五倍にのぼったという。

宝暦四年（一七六四）の来朝では、広島藩は蒲刈での応対だけではなく、大坂から伏見に移動する川御座船の世話も命じられており、船以外にも広島藩の大坂蔵屋敷の川側から見える部分の修理も行うなど、支出は多岐にわたり、財政を圧迫した。

ところで、通信使の蒲刈の次の停泊地は、備後国の鞆の浦で、福島時代の慶長十三年（一六〇八）と元和三年（一六一七）は、広島藩の管轄であったが、浅野時代は往路の場合、広島藩は鞆の浦まで随行してその役目を終えた。また、天候次第で両港の間の忠海《ただのうみ》（竹原市）の港にも停泊することがあった。ここでは、蒲刈のような接待はなく、正使ら限られた人々のみ上陸して宿泊することもあったが、船中泊でしのぐこともあった。あくまで臨時の措置であった。

　その忠海に通信使が停泊した最後の機会となったのが明和元年（一七六四）であった。風雪によって航行に支障を来したため、忠海に入港することになったという。三使は忠海の誓念寺に宿泊したが、この時のエピソードが伝わっている。

　竹原の礒宮八幡宮の神職で通信使との面会を望んでいた勤王家の唐崎《からさき》士愛《しあい》（常陸介）は、通信使の忠海停泊の報を聞くと、当時十九歳の頼春水を誘って忠海に向かった。春水の九歳の弟万四郎（杏坪）も一緒だった。結局、彼らは三使ら通信使の主要な人々とは面会できなかったが、一行の一人と筆談して春水や杏坪の書を示したところ、その人物はその書に感心したという。

　広島藩では民間人と通信使との交流をさせないようにしていた中で、当時民間人で朱子学を学び学者を志した春水らが、通信使の一行と交流を持ったのは興味深い。春水らの一件は、この時の通信使の正使趙曮の紀行にも記されている。

　さて、この通信使の接待は、蒲刈など沿岸地域の領民にも大きな負担であった。三之瀬の住民達は、通信使滞在中は自分たちの家を提供する必要があり、女性の立入りは禁止された。沿岸の各郡には船や船の漕ぎ手、人夫の提供（食料は持参）が藩から求められた。郡が負担できなければ、藩に借銀・借米をした。これらは当然返済の対象で、例えば竹原下市では、寛政二年（一七九〇）段階での米と銀について、藩から借用分のうち米は全額（四百二十九石）、銀は八割（二五貫）が、宝暦度の朝鮮通信使来日に伴うものであった。実に、四半世紀前の借入れを返済できずにいた。

　なお、朝鮮通信使の他にも瀬戸内海の港には、琉球使節（江戸上り）も通行した。

　使節は将軍就任と琉球国王交代の際に派遣され、明治五年（一八七二）まで一九回来日したが、接待はより簡素であった。

満舟寺の扁額（琉球使節の揮毫）

　天保三年（一八三二）の記録では往路では広島藩領に寄らず復路で因島と御手洗に寄港した。御手洗の満舟寺には、使節の一員が揮毫した「嘉慶十二年」（一八〇七）銘の扁額が伝わっており、一五回目の岐路に立ち寄ったことがわかる。

　長崎のオランダ商館長の一行も江戸への参勤の際に瀬戸内海航路を利用した。オランダ商館長は、寛政二年までは毎年、それ以降、嘉永三年（一八五〇）までは四年に一度江戸に参勤した。一行の人数は数人、長崎奉行所の役人ら日本人が数十人随行した程度で、各藩の接待はなかった。

　オランダ商館医師のケンペルやシーボルトが同行した時には、いずれも御手洗に寄港した。シーボルトは江戸から長崎への帰りに寄った際、島民の治療も行っている。また御手洗にはオランダ人一行が遊郭（若胡屋）に寄った記録も残っている。

これも広島

# 「芸備孝義伝」と貨幣経済の浸透

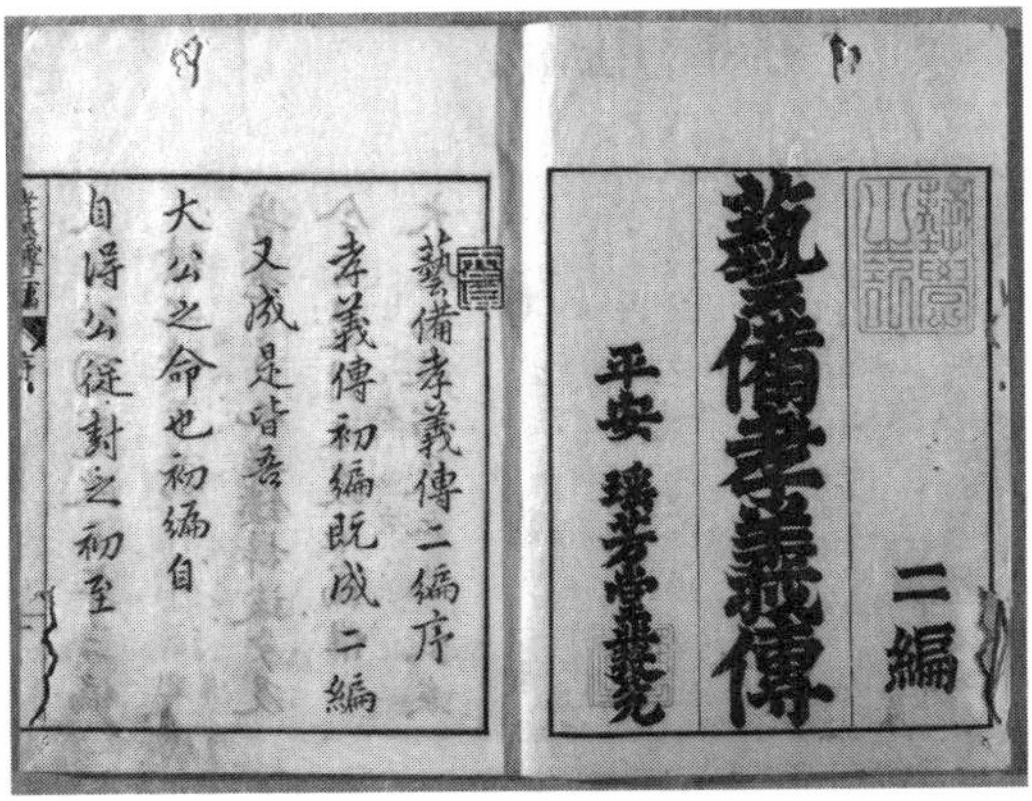


「芸備孝義伝」表紙
（平賀家文書　広島県立文書館寄託・写真提供）

江戸時代が後期にさしかかる十九世紀初頭頃から、広島藩は『芸備孝義伝★』の編纂を開始した。同書は、初版が享和元年（一八〇一）、二編が文化三年（一八〇六）、三編が天保十四年（一八四三）、拾遺が弘化元年（一八四四）に刊行された。内容は、領内庶民の中から「孝義」の者を選考し、彼らの「物語」を綴ったものである。

製作のきっかけとなったのは、幕府が寛政元年に全国諸藩に命じた、領内の孝義者の行状の提出であった。幕府は享和元年にこの成果を『官刻　孝義録』として出版したが、これに連動して、藩主浅野重晟が、儒官の頼春水と杏坪に広島藩領内での孝義伝の編集を命じた。

広島藩に限らず、十九世紀前半は、幕藩権力による孝義の庶民の顕彰が最も行われた時期であった。それは、変容する社会の中で、民衆の教化が領主にとって重要な課題であり、孝義者を褒賞することは、幕藩領主が期待する庶民の姿や庶民が見本とすべき実践を、具体的に示す有効な手段であったからである。

「芸備孝義伝」阿賀村のせんの物語
（平賀家文書　広島県立文書館寄託・写真提供）

また、彼らを藩権力が褒賞する態度を示すことで、藩主の徳を示す効果も期待されたことと思われる。『芸備孝義伝』は、読みやすい和文で記述され、初版の挿絵は画家として名高い藩士岡珉山が手がけるなど、視覚的にも理解しやすい構成であった。出版されると町年寄や大庄屋らに配付され、領民は彼らから読み聞かせられた。

実際に褒賞されたのは、初編では二三〇人ほどで、四分の三が男、四分の一が女であった。彼らの境遇や行状には、しばしば共通して見受けられる特徴があり、例えば次のような人々であった。

　彼らは貧しく、その日暮らしの賃稼ぎであったり、内職をしていたりするものが多い。そして、夫婦で年老いた父母の面倒を見るのであるが、年寄りが若夫婦に言葉や暴力で辛く当たってもそれを責めず許し、下の世話も嫌な顔をせず行う。貧しい中で、自分たちは粗食にして、年寄りには彼らの好物を出す。そのためには遠い市場まで毎日通うことをいとわず、看取るまで続けるのである。そういった献身的で「超人的」な人々の物語集であった。

「芸備孝義伝」より
（平賀家文書　広島県立文書館寄託・写真提供）

　中には、夫に先立たれたのちも実家に帰らず、夫の両親の介護を続ける女性たちも少なくない。褒賞された彼らには、藩から米や銭が褒美として贈られている。

　物語に登場する老人たちは、癇癪《かんしゃく》を持ったり、認知症とも受け取れるようになったりした者も多く、彼らの介護・看護を辛抱強く、愛情を持って行う姿が具体的に描かれているが、とても真似できないような事例も含まれている。

　このような人々が褒賞されることは、裏を返せば、本書から介護や医療などの社会保障制度が整わない江戸時代の、とりわけ低所得者層における介護の実態を推しはかることができる。

　また、江戸時代後期の浮過と呼ばれた賃金労働者たちのたくましい生活ぶりにも注目したい。

　例えば、『芸備孝義伝』第二編に登場する賀茂郡造賀村の女性スノさんの物語である。父は病を患い五～六年伏せており、その間、彼女が十五歳の時に母親は離縁して実家に戻った。スノさんは父の看病しながら生計を立てていた。多少米も作っていたようだが、日中は人に雇われ、夜は糸を紡いでお金を稼ぎ、仕事に出かける前には、病床の父のために湯茶やたばこを準備しておいたという。寛政四年にこの地域を襲った洪水の際、彼女が父を守ろうと勇気ある行動を取ったことへの褒美として米七俵（約三石、四二〇キロ）が贈られたと記されるが、彼女はおそらく今の高校生くらいの年齢であったろう。

　糸繰りの内職以外にどのような仕事にしていたかは記されないが、賃金労働者として日銭を稼ぎ、少ない収入をやりくりしてなんとか生計を立てている姿が見てとれる。

　この時期には、貨幣経済が庶民まで浸透し、都市や人口の多い地域はもちろん、様々に賃金労働の機会があったようで、スノさんのように働き手が女性一人でも暮らしが成り立っていた社会であったことを示唆している。

▼『芸備孝義伝』　近年、安田女子大学実践教育研究所から、活字本で出版されており、手軽に読めるようになった。参考文献を参照。

これも広島

# 伊能忠敬の測量とその足跡

江戸時代の人物で、最も知名度の高い人物の一人に伊能忠敬《いのうただたか》がいる。彼はよく知られているように、全国を歩いて測量を行い伊能図と呼ばれる日本最初の近代的な実測日本地図を作成した。彼が文化元年（一八〇四）の東日本の地図を作成し、その精度・品質を幕府首脳が認めて幕府の事業として日本地図作りを行うことになった。

そして、西日本で初めて行われた測量調査が、文化二年と翌年の紀伊半島～山陽沿岸～山陰沿岸の第五次調査であった。広島藩領にもこの時入った。文化三年二月のことである。このあと、四月に領内を抜けるまで、瀬戸内の沿岸を測量している。

この頃には忠敬たちの測量は、道具も方法も効率化が図られていた。測量調査は二隊に分かれて進められ、わずかに二カ月で測量が終了している。この時に測量した成果は、平戸の大名松浦《まつら》家の依頼で伊能忠敬が作成した西日本の中図（二一六、〇〇〇分の一）などで確認できる。ただし、忠敬一行が安芸・備後両国の沿岸を測量したのは、本州部分と一部の大きな島に限られており、多くの小島については沿岸測量をせず、方角のみの測量であった。島の地形は広島藩が幕府に提出した地図など既存の地図を利用したと考えられている。

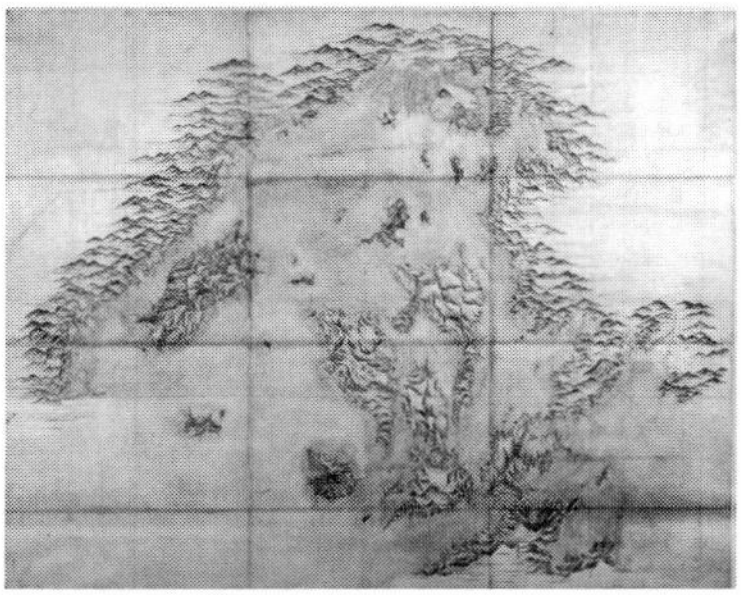

名勝図厳島付近
（千葉県香取市伊能忠敬記念館蔵）

さて、伊能忠敬が広島藩内での測量成果を元に作った地図で現存するもののひとつに、伊能家に伝わる特別地域図「厳島」がある。この図は、実際には東は呉付近から西は廿日市付近まで広島湾の海岸と、厳島を含む広島湾内の江田島・倉橋島などの島々を描く。また、本図は、縮尺も一万二〇〇〇分の一と大きく、広島藩領での伊能忠敬の測量成果を今に伝える。伊能忠敬が実際に作成した数少ない広島湾周辺の地図で、先述の松浦家の中図などと並び、当地域にとっても重要な資料といえる。

さて、この第五次調査は、初の御用調査であった。幕府から調査先の諸大名に対しては、測量への協力要請があり、藩や領民にとっては新たな負担でもあった。調査隊一行の宿の手配や道具類の運搬のほか、測量の補佐を地域の領民が担った。そのため、実際の測量の様子については、多くの藩の関心事であったと想像される。そのような中、広島藩での調査では、伊能調査隊の調査の様子を記録した絵画が残された。「御手洗測量之図」（呉市所蔵）と「浦島測量之図」（個人蔵　入船山記念館寄託）の二種類が知られる。「御手洗測量之図」は幕府の測量方役人からの依頼を受けて絵師に描かせ、伊能忠敬に提出した控えである。図中の各所に付箋があり伊能忠敬など描かれた人物が数人、これによって判明する。

「御手洗測量之図」が日中の測量のみなのに対し「浦島測量之図」は、「夜間測量之図」があり夜の天文測量の様子や、測量器具も描かれている。これらは伊能忠敬の測量方法を今に伝える貴重な資料である。伊能忠敬の測量の様子を記録した絵画は全国でもこの二種類のみで、その価値は大きい。また、近年「浦島測量之図」とほぼ同内容の資料が広島城に寄贈された。今後の研究が期待される。

その他、伊能忠敬の測量旅行の足跡は、藩内の他地域にも残っている。倉橋島の港町として栄えた鹿老渡《かろうと》には、忠敬一行が夜に天体観測をする際に使用していたのと同じ形の測量機器・象限儀が伝わった。伊能家以外に江戸時代の象限儀を伝えた例は他にない（「小川コレクション」（萩市所蔵）に所収）。

広島藩をはじめ、この五次調査のルートとなった諸藩では、先行して対応した藩の準備・待遇状況について情報収集に走った。そして郡役所を通じて、各郡に人足や船の準備を指示した。安芸郡の場合、長百姓六人、人夫五九人、五人乗りの漕ぎ船三三艘、四人乗りの小舟、五人乗り帆船を三艘ずつ、給仕人一〇人、地理・地名に詳しい者三人、不寝番二人、水くみ二人、梵天《ぼんてん》（目印の幟）二〇本などであった。他郡も概ね同様で、郡ごとに測量調査が進んでいった。この測量事業に協力を求められた安芸郡では、測量終了後、村役人に対し今回の負担については、朝鮮通信使や幕府巡見使の御用と同様に全部の村々で負担するようにして欲しい、という嘆願を行っている。

一二四頁で述べたように、藩の地誌改修のための各村や町の調査が、伊能忠敬の測量を理由に見合わせとなるほど藩庁も伊能の測量が人々の大きな負担であったと認識していた。

最後に、伊能忠敬の測量が藩内に与えた影響について見てみたい。とくに明確で直接的な影響というものはわからないが、伊能忠敬の測量には、各地域の測量家らも参加し測量に協力していた。中には忠敬の弟子となる者もいたようで、伊能測量隊が赴いた各地で地域の測量技術の改良・向上がみられたことは十分に考えられる。広島藩では、文政年間に領内の地誌『芸藩通志』を編纂するため、各村や町でも調査が進められていた。村々では絵図も提出したが、既存の図をそのまま提出した村もあれば、新たに作成した村もあった。安芸国高宮郡には地誌調査を機に作られたと考えられる文政三年（一八二〇）三月の郡内の絵図（万延元年（一八六〇）の写し）が確認されており、そこには測量に関わった人々の名前も記載されている。

中心になった人物は高宮郡中島村（広島市安佐北区）の武田和平二正信で、肩書には「公儀測量師伊能勘解由門人」とある。この人物は、実際に伊能の測量に随行し、先述の鹿老渡の象限儀の作成に関わったほか、文化十二年に「月食測量記」を著している測量家であった。

これも広島

# 港町と遊郭

　近世宮島には、六九頁でも触れたとおり藩内で最大の遊郭が存在していた。宮島の遊郭は、寛永二年（一六二五）に、広島城下から移されたといわれている。広島藩内には、主な港町に藩公認の遊郭が存在し、遊女がいた。港町に遊郭があるのは全国的な傾向で、江戸時代には全国の遊郭の「番付」が何種類も刷られていた。

　さて、広島藩内の港町で、藩公認の遊郭があったのは、宮島の他に尾道、忠海、御手洗（大崎下島）、木ノ江（大崎上島）、倉橋島などで、他国船の誘致に大きな役割を果たした。尾道には早くから遊郭があり、場所を転々と移動して、宝暦期（一七五一～一七六四）に砂寄新地が開かれると、そこに移された。江戸時代に入って整備され、重要な港として発展した御手洗の遊郭は、享保期（一七一六～一七三六）以降公認された。御手洗や木ノ江には、停泊中の他国船に小舟（おちょろ舟）で漕ぎ着ける遊女もいた。

若胡子屋跡（呉市豊町）

　ここでは、港町御手洗での遊郭の様子を見てみたい。御手洗には若胡《わかえびす》屋、藤屋、海老屋、堺屋の四軒の遊女屋（茶屋）があり、遊女は一〇〇人前後がいて、とくに十八世紀半ばの宝暦期には御手洗の人口の二割を占めていた。

　町の運営でも茶屋の役割は大きく、御手洗では商家の取引に応じて、雁木や寺社の修復の費用を備蓄していた（「出来銀」）が、茶屋の出資が大きな比重を占めていた。御手洗での商取引が不振に陥っていた文政九年（一八二六）でも、遊女や芸子の出来銀は銀一二五貫余りに上り、港町の活性化に一役買っていた。その二年後、大坂の豪商鴻池が御手洗に住吉神社を寄進した際にも、彼女たちは進んで玉垣を寄進しており、現在もそれらが残っている。

　一見、近世の港町の賑わいに華を添えるかのような遊郭であるが、彼女たちは、多くが元は他国他所から年貢未進や借金など家計の犠牲となって売られてきた少女たちで、大概が十年の「年季売り」という形であった。遊郭は遊女の逃亡防止のため、周囲の町との境に柵を設けるなど、厳しく統制していた。その一方で、先述のように遊郭は港町の繁栄には不可欠な存在として一般に認識されていた。

　遊女だけではなく、江戸時代の経済発展や繁栄、社会秩序の維持などには、当時、社会的に過酷な状況に置かれたり差別を受けたりしながらも、社会の中での役割を果たしながらたくましく生きていた人々が多くいて、それは広島藩でも例外ではなかった。歴史を考えていく上で、彼らの存在や果たした役割を見過ごしてはならない。

# 第五章 広島藩の特産品 奨励と統制

領内では、藩の主導のもと各地で風土に適した様々な特産品が生産されていた。

広島海苔養殖の図（広島県立総合技術研究所水産海洋技術センター蔵）

# 1 山間地域の特産

藩の財政を立て直すための有力な手立てのひとつが、領内での産業の育成であった。

山間部では、古来、この地域で盛んであった鉄生産には改良が加えられ増産された。

また、和紙や麻などの生産が盛んであったが、これらは藩の専売品として買い上げられた。

## 鉄・銀・銅

広島藩領を含む中国地方の山間部には、花崗岩《かこうがん》が広く分布しており、古来、岩石中の砂鉄を利用した製鉄業が盛んで、近世初頭の福島時代も前時代に続いて安芸・備後の北部で製鉄が盛んであった。しかし、次の浅野氏の時代になると、生産地は、次第に備北地域が中心となり、芸北地域では衰退した。これには、寛永五年（一六二八）に広島藩が出した、太田川上流での製鉄の禁止令が関係している。

先述のように中国地方では、製鉄の原料の鉄は、花崗岩質の真砂《まさ》土に含まれる砂鉄を利用するものであったため、製鉄の工程の最初に砂鉄の採取（「鉄穴《かんな》流し」）があった。その砂鉄を、炉で熱し不純物を取り除く工程を経て、鉄を生産した。この時、炉に砂鉄と木炭を交互に入れて、炉の中を高温にするため、鞴《ふいご》を使って空気（酸素）を送り込むが、この送風装置は時代が下るにつれ改良されていき、江戸時代には、効率的に炉の温度を上昇させることができる足踏み式の鞴（江戸時代中期以降は、さらに発展した「天秤鞴《てんびんふいご》」★を用いた製鉄法（「たたら製鉄」）の技術が確立され普及した。近世のたたらでは、湿気を取り除くための地下構造があり、天秤鞴に加え、覆《おお》い屋（「高殿《たかどの》」）も建設することで繰り返し操業可能な、近世の製鉄工場ともいうべき「高殿たたら」が登場、普及して生産性を上げていった。そのため、いっそう多くの砂鉄と木炭が必要となった。

鉄穴流しは、山から土砂を削り出し、水に流して砂鉄を選別し、採取する。土の中の成分を、比重の違いを利用して分別する方法で、重い砂鉄は早く沈むため、ほかの軽いものと分別できるという原理を利用したものである。

一般に、真砂土に含まれる砂鉄の含有量は重量比でわずか〇・数パーセントといわれ、砂鉄を採取するために多くの土砂が必要であった。先述の広島藩が太田川流域での製鉄を禁止したのは、大量の土砂が城下に流れ込んだためで、これを放置すると、大雨で洪水が頻発する恐れがあった。

また、東城など製鉄が盛んであった備北地域では、砂鉄を採取する中で、独特の景観が出来上がった。真砂土を採取して削られた残丘は「鉄穴《かんな》地形」★と呼ばれるもので、現在でもその姿が残っている。

たたら製鉄には大量の木炭も必要であり、そのために森林の確保と保全が重要

**▼天秤鞴**
一人で左右交互に足を踏み、効率よく送風することができる装置。元禄年間に出雲地方で最初の使用が確認されている。

天秤鞴を用いた製鉄作業
（東京大学工学図書館工４号図書館Ａ蔵）

**▼鉄穴地形**
鉄穴地形が多く見られる小奴可（こぬか）の地名に由来する「小奴可地形」とも呼ばれた。

視され、山間部での炭焼きは地域の製鉄業を支える重要な産業であった。なお、広島藩の中国山地での製鉄で一般的だった銑押《ずく》し法では、一回の操業で、砂鉄一六・五トン、木炭一七トンを用いて四・八トンの鉄（銑★）が生産されたという。できた鉄は炭素を多く含み、鋳物などに適していた。

鉄の生産・販売は、福島時代から浅野時代の初めまでは、民間の手で行われ、販売も自由であった。そして生産者から納められる運上が藩の収入となった。その後、延宝八年（一六八〇）以降、広島藩は鉄に統制を加えていった。藩は生産者から鉄を強制的に安価で買い上げることにし、年貢米などと同様蔵物《くらもの》★として大坂に運ぶことがねらいであった。これに対しては、生産者（鉄師）からの強い反対運動があったため、廃止と復活を繰り返しながら、最終的に藩は元禄九年（一六九六）に鉄座を設け、専売制を導入した。

ただし、この鉄座には、単に強制的な買い上げという統制面だけでなく、資金の前貸や飯米の支給など、産業の保護政策という側面もあった。藩が製鉄業を重要な産業と位置付けていたことがうかがえる。なお、三次藩については、鉄の専売制から、鉄山の藩営化に移行したのはすでに見てきたとおりである（六三頁）。

鉄以外の金属では、広島藩では銀山や銅山の開発・経営も行われていたが、生産量は鉄とは比較にはならないほど少なかった。この地域では非鉄鉱物資源はあまり豊富ではなく、本格的に開始されたのは江戸時代になってからであった。

▼銑
銑鉄ともいう。銑鉄の多くは、脱炭・鍛錬して（この工程を「大鍛冶」と呼ぶ）、工具や農具に使われる「割鉄」に加工されて出荷された。

▼蔵物
江戸時代に幕府や大名などが蔵屋敷に回送した年貢米や特産物の総称。

採算がとれないと判断され放棄された銅山★が数ある中で、山県郡加計村（安芸太田町）の寺尾鉱山と御調郡小原《おばら》村（尾道市）の小原銅山は、一定の期間、操業していた数少ない鉱山であった。

寺尾鉱山は、銀と銅を産出した鉱山とされ、主な採掘期間は江戸時代初めから元文年間の一七三六年までであった。現在は閉山となっているこの鉱山は、その後も断続的に近年まで掘られていた。平成十二年（二〇〇〇）に発掘調査が行われ、炉跡、鉱滓★捨て場、排水施設、石垣などが見つかっている。炉跡は鉱石から硫黄分を除去するための下処理をする焙焼炉《ばいしょうろ》と、その後に溶解・製錬するための製錬炉が確認され、操業の一端が明らかになった。操業時期は、十七世紀の江戸時代前期が中心で、出土した鉱滓の成分の分析によれば、主には銅を生産していたことが判明した。銀生産の可能性は否定できないものの、寺尾銀山の名で伝承されながらも銅が生産されていた事実が明らかとなった。なお、十九世紀初めの地誌『芸藩通史』にはこの鉱山の記載はなく、この頃には廃業していたと思われる。十七世紀の操業という発掘調査成果も、それを裏付けるものとなった。

小原銅山は、本郷川を挟んで福山領の本郷銅山と隣接しており、一連の鉱脈がつながって銅山を形成している。両銅山とも遅くとも十七世紀後半には開発されていた。小原銅山は江戸時代後期の天保年間（一八三〇～一八四四）まで断続的に採掘願が出されており、操業と中止が繰り返されていたが、その背景には、採算

▼近世に開発された銅山
佐伯郡菅沢（広島市佐伯区湯来町）、高宮郡深川・沼田郡久地（広島市）、高田郡佐々井（安芸高田市八千代町）、三谿郡三玉（三次市吉舎町）、三上郡本村・奴可郡平子（庄原市）が知られている。

▼鉱滓
金属を取り出すため不純物を取り除く工程で生じるカス。スラグともいう。

寺尾遺跡の精錬炉遺構
（(公財）広島県教育事業団撮影　広島県立埋蔵文化財センター・写真提供）

性の問題とともに、鉱毒の問題があった。下流域の田畠が、銅山の鉱毒による土壌汚染の影響を受け、農作物に被害が出ており、住民たちが銅山経営中止の嘆願を出して抗議を行った。彼らは福山藩領の本郷・今津・松永の村々の住民で、嘆願書は村々の庄屋から藩を越えて広島藩側の小原村の庄屋に対して提出されている。このような反対運動により、採掘を本格的に行うことが困難であったようだ。

## 和紙

江戸時代、和紙は全国各地で生産されていたが、広島藩領内でも生産が盛んで藩内での消費用だけでなく、藩外で販売される特産品でもあった。

和紙生産は、かつては広島藩内の全郡で行われていたが、中でも佐伯郡とその北隣の山県郡が藩内の和紙生産の中心であった。現在、県内唯一の伝統的な和紙、大竹和紙は、江戸時代の広島の和紙作りをわずかに伝えている。

ところで、和紙には、原材料や品質、製法などによりその種類は多様で、広島藩では、二五種類もの和紙を生産していたという。和紙の主な原料は楮《こうぞ》で、山地など農地に適さないやせた土地でも育つため、山間部や島嶼部などでも栽培でき、領内で広く栽培された。実際、江戸時代の和紙のほとんどは楮を原料とする楮紙《こうぞ(ちょし)》であった。もうひとつの代表的な和紙の原料の雁皮《がんぴ》は、安芸郡、佐伯郡、

紙漉の図「国郡誌御用ニ付郡辻書出帳佐伯郡」より（和田家文書　広島県文書館蔵・写真提供）

高田郡、沼田郡、豊田郡などで栽培された。また楮に三椏《みつまた》を混ぜた紙も作られた。そして楮や雁皮《がんぴ》のほかに、粘材《ねんざい》（ネリ）として和紙生産に欠かせないトロロアオイも、山県郡や佐伯郡をはじめ各郡で栽培された。

広島藩で主に生産されたのが楮紙で、大きく諸口紙《もろくちがみ》★と半紙★（片口紙）がとくに知られている。諸口紙は、山県郡と高宮郡（勝木村周辺産）が極上とされ、半紙は佐伯郡、沼田郡産が精巧とされていた。ともに原料処理を丁寧に行い、塡料《てんりょう》に米粉を用いて板干しして作られた。

一方の北東部では、高級な紙が漉かれた。庄原の柳原《やなはら》の柳原奉書と呼ばれる紙がその代表で、地域の特産品であった。そのほか特殊な例として、厳島では五色の雁皮紙という高級紙が生産されていた。

また藩では、宝永元年（一七〇四）藩札発行に際して、専用の紙を生産するために城下に藩営の紙漉き工場を設営している。享保六年（一七二一）以降、藩は諸口紙や半紙の一部を淡茜色に染色し、公用文書用紙として他と識別できるようにした。

藩内で生産された様々な紙は、鉄と同様に当初は自由生産、自由売買が許されていたが、藩は鉄への統制と同じ頃、紙も統制下に置こうとした。宝永三年（一七〇六）以降は、城下に紙座（のち紙蔵と改称）を設置し、専売のみならず、生産する紙の種類や量について藩で決定し、それに基づいて各村の紙漉き人に生産を

**▼雁皮**
雁皮紙（斐紙（ひし））と呼ばれる湿度や虫害に強い紙の原料となる植物。斐紙の原料では、三椏も藩内で使用されていた。

**▼諸口紙**
安芸国特産の楮紙。常用紙として半紙とともに、領内で用いられた。証文類から書状まで、一般に広く使用されたほか、公用文書用紙としても使用された。縦と横の長さの比が一・六倍と、横長の形状が最大の特徴。明治以降、障子紙などとしても使われた。

**▼半紙（片口紙）**
諸口紙よりも薄手で小型の紙である。日記や控えなどといった私的な文書に多用された。藩行政では役人の間で簡易な文書のほか、諸口紙の文書の包紙として使用された。

割り当てた。さらに、原料の楮も藩が買い上げて紙の生産者に払い下げ、出来上がった紙も藩の公定価格で買い取った。生産する村々では、紙の品質検査が厳しい一方で、稼ぎも小さく、生産意欲は高まらなかった。割に合わない労働だったのである。藩に対する不満や抵抗も大きく、先述の享保三年の一揆の原因のひとつにもなった。その後、一揆を契機に紙生産は次第に減少するようになった。

また、江戸時代後期には、後述するように沿岸部を中心に木綿栽培が盛んになり、和紙作りよりも割に合う労働があったことも、和紙の生産を停滞させたひとつの要因となった。それに追い打ちをかけたのが後述する幕末の幕長戦争で、小方など紙の主産地が戦災にあい、和紙生産は大きな打撃を受けた（一八六頁）。

## 麻・たばこ・茶

江戸時代の比較的早い時期から広島藩内の山間地域で生産されていた代表的な特産品として麻やたばこがある。これらは近代以降も地域の特産として生産が続けられた。ここでは、麻とたばこと茶のほか養蚕について紹介する。

麻は、現代の生活でも、夏用の衣料の素材として、また麻のヒモや麻の袋など梱包・輸送用の資材として使われているが、江戸時代には、衣類の素材としてはもちろん、漁の網、のれん、縄、袋、ひも、畳縁などに使われ、日常生活に欠か

楮の事前処理の様子
「国郡誌御用ニ付郡辻書出張佐伯郡」より
（和田家文書　広島県立文書館・写真提供）

せない繊維素材であった。また、麻の生産の過程でできた葉茎も日常の様々な場面で利用されていた。麻も楮と同じく、領内の山間地域を中心に栽培され、麻作りは江戸時代から戦前まで地域の有力な産業であった。

原料は日本麻（大麻）の茎の繊維で、収穫された茎を蒸して繊維を取り出したものを「アラソ」と呼ぶ。これを煮て川で不要な繊維をこぎ落としたものが「コギソ」で、この段階では、繊維は糸を作るには太く、繊維を細く裂《さ》く必要がある。そうしてできた細い繊維を「ウミソ」と呼び、これを撚《よ》って様々な太さの麻糸を作る。すべての工程を生産地で行っていたわけではなく、途中の段階で他藩に出荷することもあった。

広島藩領内で麻作りが盛んだった地域は、山県・高田・高宮郡といった北部山間地域であった。これらの地域では、より高品質な麻を栽培するため、次第に干《ほし》鰯《か》★などの金肥《きんぴ》★を使用するようになった。栽培する百姓は、金肥の費用を前借りし、麻を納入する時にその分を返済したという。このような品質管理があって、広島藩の麻は藩外でも需要があった。漁網、蚊帳《かや》、麻布などの麻製品や、「コギソ」などの半製品は、藩内での消費はもちろん、広島藩が正貨を入手する重要な産品のひとつとして大坂などに出荷された。なかでも、広島藩内産の麻を使用した製品では、江戸時代後期に沿岸地域の賀茂郡阿賀村・広村長浜などで生産された漁網が全国に出荷され評判であった。

アラソ
（広島市郷土資料館蔵）

コギソ
（広島市郷土資料館蔵）

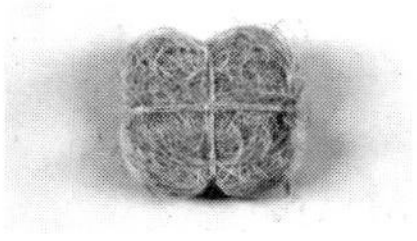
ウミソ
（広島市郷土資料館蔵）

▼干鰯
鰯（いわし）を干した肥料。

▼金肥
お金を出して購入する肥料のこと。

また、山間部から城下や沿岸部の加工地に運搬するのに重要な役割を果たしたのが舟運で、主要産地の山県郡からは太田川の舟運が利用された。第二章で述べた舟運の整備が、産業の基盤となっていたことが改めて確認できる。

たばこは、アメリカ大陸原産で、ヨーロッパの大航海時代にコロンブスらがヨーロッパ社会に伝えたもののひとつであった。日本には、コロンブスのアメリカ到達から半世紀後、種子島に漂着したポルトガル人が鉄砲とともに日本に伝えたとされる。その後、喫煙の習慣は日本国内にも普及し、たばこは各地で栽培されるようになった。喫煙の習慣が広まると稲の代わりにたばこを作付けする百姓が多くなったため、江戸時代の初頭には、幕府は喫煙とたばこ作付けの禁止を打ち出したほどであった。広島藩では、このような栽培規制はなかったようで、領内各地で自家消費用のたばこ栽培が行われていた。

江戸時代中期頃、広島藩内から他国へ出荷されたたばこの生産地域は、備後国の南部の御調郡周辺と北部の奴可郡が中心であった。御調郡山中村や豊田郡能地村など三原周辺で生産された「三原たばこ」は、広島藩を代表する高品質のたばこであった。一方、奴可郡は未渡《みど》村周辺を中心に栽培されたものが評判で、尾道や鞆（福山藩）から各地に出荷された。江戸時代後期になると、安芸国山県郡や高田郡、高宮郡など広域でも栽培された。農家にとっては、たばこは貴重な換金作物であった。

たばこを刻む様子
（『芸備孝義伝』より　平賀家文書　広島県立文書館寄託・写真提供）

茶は、たばこと同様に江戸時代に庶民にも普及した嗜好品のひとつで、広島藩内でも各地で栽培されていたが、多くは人々の自給用であった。しかし十八世紀に入ると、宇治など畿内の先進地域から製茶技術を導入して商品として生産するようになり、広島城下にも釜煎《かまいり》製の緑茶・番茶の生産が始まった。藩内では安芸国の山県郡加計《かけ》村（山県郡安芸太田町）や備後国の三上郡が代表的な産地で、加計村では緑茶（青茶）、三上郡では煎茶を生産していた。山県郡内ではほかにも太田川流域の戸河内《とごうち》や筒賀《つつが》などで茶の生産が盛んに行われていた。

十九世紀になると、領内ではさらに茶の品種や製茶方法の改良がみられた。天保十三年（一八四二）山城国宇治の茶商が広島城下町に移住、宇治風炉《ふろ》製法を伝えてこの製茶法が普及し、領内での茶の改良や増産を促した。

さらに幕末、開国し西洋諸国との貿易が始まると、茶は生糸に次ぐ主要な輸出品であったため、広島藩では製茶に力を入れ、専売制を実施した。製茶が盛んであった山県郡の太田川流域諸村のうち、穴《あな》・坪野、上殿河内《かみとのごうち》、戸河内、上筒賀に製茶場を設置し、藩から茶職人を派遣して技術指導を行った。

そのほか安芸国の佐伯郡下村（広島市佐伯区湯来町）、安芸郡呉町、賀茂郡白市町（東広島市高屋町）・小多田《おただ》村（東広島市黒瀬町）、高宮郡可部町、豊田郡久芳《くば》村にも製茶場を設置した。呉町や可部町の製茶場は、郡内の茶葉を集め半製品まで加工する役割で、下ごしらえした茶葉を広島に送って広島で仕上げを行った。一方、白市町・小多田村では製茶場で商品にまで仕上げる加工を行っていた。

## 養蚕と山まゆ

最後に養蚕について見ていこう。絹織物の材料として使用される生糸は、蚕《かいこ》のまゆから作られる。そのために蚕のエサとなる桑を植えて蚕を育てる。養蚕には桑の栽培から蚕の飼育、さらには生糸を紡ぐまでの一連の仕事が必要となる。

全国的に見れば、中部地方や北関東・東北地方などの山間部が主な主産地として知られるが、広島藩でも養蚕が奨励されていた。江戸時代の初頭から養蚕の定着を何度か試みたがうまくいかず、十八世紀後半の明和・安永年間（一七六四～一七八二）に、藩は絹座を設置して京都から職工を招き養蚕と機織りの振興を図って、桑の植え付けを奨励したものの芳しい成果は出なかった。

生糸が重要な輸出品となり需要が高まった幕末の慶応年間（一八六五～一八六八）には、領内各地に桑の苗を与え、藩士の邸宅の周りにまで桑を植えるなど、藩は養蚕育成に本腰の姿勢を見せた。結果的には賀茂郡広村（呉市）と三谿《みたに》郡向江田《むこうえた》村（三次市）が産地となり一応の成果はあげたようだ。

ところで、生糸と似た産業として、山まゆが太田川流域の山間部を中心に盛んであったので、併せて紹介しておこう。

まゆから糸を紡いで織物にしていくという点では、生糸作りと変わりはないが、養蚕との大きな違いは、生糸が蚕を飼うことによって生糸の原料を「人工的に生産」することに対し、山まゆは、大型の蛾（ヤママユガ）が、クリ・マキ・カシなどの葉を食べて作った天然のまゆを利用する。また、生糸作りではまゆを作った段階でまゆをゆでて糸を紡ぐが、山まゆでは、蛾が成虫になったのちの「抜け殻」を集めて利用する。自然の産物を利用するため、人為的な量産ができず増産には向かないが、新たに桑の木を植える必要はないことなどメリットもあった。

宝暦五年（一七五五）、藩は山まゆから生み出される織物（紬《つむぎ》）を特産品として注目し、生産の奨励・統制に着手した。天保二年（一八三一）に当時の広島藩主浅野斉粛《なりたか》が、米沢藩主上杉斉定《なりさだ》に時候の見舞いの品として山まゆ織三疋《びき》を贈っており、最高級の反物としての評価が与えられていたことがわかる。

明治以降も山まゆ紬は、地域の特産品として昭和の初めまで作られ続けたが、戦後廃れてしまった。

なお、山まゆ作りと養蚕の工程の違いに、山まゆ作りには「殺生」を伴わないことがある。このことが、浄土真宗の安芸門徒が多い地域で、養蚕業が藩が期待したほど定着せず山まゆ織が選ばれた理由のひとつとして指摘されている。

山まゆ
（広島市郷土資料館蔵）

山まゆ織の紬
（広島市郷土資料館蔵）

## ②沿岸地域の特産

沿岸部でも、気候や地形の特等を生かした産業があった。古来、この地域で生産されてきた塩は、入浜式塩田を導入して飛躍的に生産量を増やした。また木綿の栽培も盛んで、当地の綿は「安芸木綿」と呼ばれ、藩の代表的産物となった。ともに多くの労働力に支えられていた。

### 塩

古来瀬戸内の沿岸部や島嶼部では、海水を利用した製塩が盛んで、中世から近世初頭までは、揚浜《あげはま》塩田と呼ばれる小規模な塩田で塩作りが行われていた。

江戸時代に入って、同じ瀬戸内の播磨国赤穂で開発された入浜塩田の技術を導入し、芸備の塩作りは新たな段階に入った。入浜式塩田は、塩田の築造に多額の資本と労働力を必要とする点で揚浜塩田と大きく異なる。システマティックで効率的に大量の塩を生産できる入浜塩田には、採鹹《さいかん》作業★のための、海水や悪水を導入・排水する施設や沼井《ぬい》など鹹水《かんすい》を取り出し釜屋へ送るための施設、煎熬《せんごう》作業★のための釜屋の建設、釜屋に隣接した塩蔵から塩を船で運び出すための運河の整備が必要で、塩田作りとは、まさに製塩工場の建設工事であった。

▼採鹹作業
海水から水分を蒸発させ、濃縮した塩水（鹹水）を作る工程。

▼煎熬作業
鹹水を煮つめて、塩を作る工程。

広島藩領内の初めて入浜塩田は、慶安三年（一六五〇）に、竹原で導入された。江戸時代前期の瀬戸内海沿岸地域には、広大な干潟が広がっており、江戸時代に入った頃から、干拓による陸地化が活発に行われていた。干拓の多くは農地の拡張を意図した事業であったが、結果的に土壌の質が農地に適さないことがある。広島藩に限らず、江戸時代前期に導入された塩田の多くは、農地に不適だった土地の新たな活用策として選択され、竹原塩田はその先駆的な試みであった。

竹原の塩田の開発は、まず試しに、赤穂の技術者を招いて一軒の入浜塩田を作ったのを皮切りに、慶安三年に三一軒の塩田が構築された（古浜）。

これらの塩田が予想外の利潤を上げたため、竹原や広島の商人たちが塩浜の経営に関心を示し、わずか二年後には、新たに六七軒が構築（新浜）、合計で九八軒になった。このような急速な塩田の整備が可能であったのは、藩の主導であったことが大きい。塩田工事は藩営で、塩田の経営資金も融通するなど積極的に支援を行った。藩は、塩田に大きな魅力と可能性を見いだしていたことがわかる。

十七世紀半ばに始まった竹原塩田を皮切りに、十八世紀初めの元禄・正徳年間頃（一六八八〜一七一六）までに、広島藩の沿岸各地で入浜塩田が多く作られた。十軒を超える規模の塩田は生口島や向島などの島嶼部、三原・吉和（尾道市）などで、仁方《にがた》（呉市）などを除いて備後国と安芸国東部に集中していた（下表）。

この時期に多くの塩田が作られたのは、当時の好景気を背景に、塩が高値で取

## 17世紀後半から18世紀前半に開発された主な塩田

| 備後国郡 | 塩田名 | 軒数 | 市町名（島名） | 安芸国郡 | 塩田名 | 軒数 | 市町名（島名） |
|---|---|---|---|---|---|---|---|
| 御調郡 | 富浜古浜・新浜 | 25 | 尾道市（向島） | 賀茂郡 | 竹原小浜・新浜 | 98 | 竹原市 |
| | 天女浜 | 11 | 尾道市（向島） | | 仁方浜 | 12 | 呉市 |
| | 津部田浜 | 2 | 尾道市（向島） | 佐伯郡 | 海老塩浜 | 不明 | 広島市佐伯区 |
| | 吉和浜 | 21 | 尾道市 | 豊田郡 | 生口古浜・新浜 | 40 | 尾道市（生口島） |
| | 三原古浜 | 15 | 三原市 | | 大崎古浜 | 10 | 大崎上島町 |
| | | | | | 忠海浜 | 5 | 竹原市 |

引されていた事情による。しかし、この頃、入浜塩田の技術は、瀬戸内沿岸の中国・四国各地にも普及したため、塩は供給過剰に陥り、価格の下落を招いた。生産量も享保期をピークに落ち込みを見せた。この塩不況を打開するため、藩を越えた塩田経営者（浜主）たちによる生産調整が話し合われ、実行された。このような、広域での生産業者による努力が実を結び、十九世紀前半の文化・文政年間（一八〇四～一八三〇）には、塩の値段、生産量も安定したようである。

また、浜主たちが経営改善に迫られる中で注目したのが石炭であった。江戸時代後期になると、釜屋で鹹水《かんすい》を煮つめる燃料として、薪から石炭に切り替える動きがみられた。筑豊炭田の石炭が使われたようで、従来の木炭に比べ、コストが三分の二程度で済んだという。

一方、塩田付近の村からは「石炭を燃やした時の煤煙が農作物に被害をおよぼす」という反対運動が起こっている。それまで薪は塩田周辺の村から大量に供給されており、塩田で薪が不要になると、村人たちの収入が減少することに対する反発もあった。このため、浜主は一気に石炭への転換が図れず、一部に薪の使用を残したり、浜主から周辺農村に、薪を買い取らない代償の保証金を供出したりしていた。その後、幕末にはほぼ石炭に切り替えられている。

さて、広島藩の塩田での生産量や消費地を見てみよう。文政八年（一八二五）には藩内全体で年間八〇万俵を生産したという記録が残る。重さではおよそ四八

向島24番浜の塩田作業（昭和27年撮影）
（土本壽美氏撮影　尾道市教育委員会・写真提供）

塩田模型（釜屋概観）
（広島県立歴史博物館蔵・写真提供）

〇〇〇トンということになる。

これらのうち、藩内での消費は一六パーセント余で、江戸には全体の三割が運ばれた。そして全体の半分に当たる四〇万俵は越後や津軽、松前など北国向けに出荷されていた。越後の糸魚川の港で荷揚げされた芸備の塩は、ほとんどが陸路信州に運ばれていた。このような北国での需要は、西廻《にしまわり》海運が整備された北前船が活躍するようになった十七世紀後半の寛文期以降のことである。

この瀬戸内の製塩業は、戦後の昭和三十年代初めに、イオン交換式の製塩工場に取って代わられるまで、地域の主要産業として存続した。

## 木綿

木綿は室町時代に日本に入ってきて、保温性や耐久性など衣料の素材として優れているだけでなく、火縄銃の火縄の素材としても用いられるなど、軍事上においても重要な繊維素材であった。安芸・備後地域でも福島氏入封以前の毛利氏の時代から作付けが行われていたと考えられている。

広島藩で木綿栽培が盛んになったのは、瀬戸内沿岸の風土が木綿作りに適地であったことによるところが大きい。十七世紀中、藩内の沿岸各地で干拓地の造成が盛んであったことは先にも述べたが、干拓地は一般に土壌に塩分を含んでいる

▼四八〇〇〇トン
おおよそ二俵で一石、一石が百二〇キログラムとして計算。

▼西廻海運
河村瑞賢が整備した航路で、日本海側の諸藩が大坂や江戸に米を輸送する手段として発展した。江戸時代中期以降、蝦夷地と大坂間を往き来した北前船が活躍した。ちなみにそこで使用された船を弁財船と呼んだ。

ことが多く、稲の生育に適していない土地もあった。一方で綿花は耐塩性に優れ、塩分の多い土壌でも栽培が可能であった。

また、良質の綿花を栽培するには大量の肥料が必要で、江戸時代には干鰯《ほしか》がその代表であった。干鰯は文字どおりイワシを干したもので、効率的な肥料として、綿花をはじめ菜種や藍などの栽培に用いられた。広島藩内でもイワシの水揚げは多く、干鰯も生産されていたが、とりわけ綿花の作付面積が拡張した江戸時代後期には、藩内の干鰯だけでは到底間に合わず、他国産の干鰯を大量に買い入れている。江戸時代後期、木綿栽培で財をなした農家も知られているが、多額の肥料購入が不可欠で、事前の投資によって成り立つ産業でもあった。

綿花栽培が瀬戸内沿岸部で盛んだったのは、北前船など海運の発展と港町や漁村から干鰯の調達が容易であったことも要因としてあげられる。また、江戸時代中期以降、弁財船など船の帆の素材に綿布（帆布）が普及して海運・物流をいっそう促した側面も忘れてはならない。このような相乗効果で、江戸時代に木綿の生産性が向上していたことには注目しておきたい。

さらに、綿花の品種改良への努力もあった。江戸時代後期の文政年間（一八一八～一八三〇）には朝鮮方面（対馬？）に漁に出た安芸郡仁保島の漁師が収穫量の多い綿花の品種である朝鮮種をもたらし、嘉永年間（一八四八～一八五四）には賀茂郡広村の百姓が品種改良を加えるなど、人々の努力が積み重ねられていた。

では、収穫後の工程をみてみよう。収穫された綿花（綿の実）は、まず種と綿に分別される。この工程が「綿繰《わたく》り」で、取り出された綿を「繰《く》り綿《わた》」と呼ぶ。繰り綿は、次に「綿打ち」の工程でほぐされながらゴミが除去されて、綿菓子のような「綿」になる。その綿を糸車や紡錘車《ぼうすい》を使って撚《よ》りをかけ綿糸にする「糸引き」の工程、さらに綿糸をまとめる「糸巻き」の工程を経て、綿糸から綿布を織り出す「木綿織」によって綿布が出来上がる。

広島藩では、栽培された綿花をすべて綿布に加工していたわけではなく、綿花や繰り綿の段階で出荷されることもあったが、綿花栽培地域では各工程が分業で行われ、木綿製品または半製品が生産されていた。この分業は問屋制家内工業の形態で行われ、これを支えたのは、浮過《うきすぎ》と呼ばれた賃金労働者たちであった。江戸時代後期には、浮過層が都市部だけでなく、瀬戸内沿岸地域にも多く生活していたが、これは、木綿関連産業などで生計を立てていたことを示唆する。

「安芸木綿」として他国へ売り出された量は、天明六年（一七八六）には年間一〇万反であった。中でも生産が盛んだったのは、安芸郡・佐伯郡の沿岸部・島嶼部で、能美島《のうみじま》では十日間に四〇〇〇反の布を織り出し、大坂に出荷していたという。農村・漁村の重要な副業であったことがうかがえる。文化・文政期（一八〇四―一八三〇）には安芸木綿は「御国産第一之品物」と称賛されるほどであった。

このように地域の特産品として成長、発展した木綿に対し、藩は統制を図った。

綿打ちの様子『芸備孝義伝』より
（平賀家文書　広島県立文書館寄託・写真提供）

糸巻きの様子『芸備孝義伝』より
（平賀家文書　広島県立文書館寄託・写真提供）

他国への販売に対して、運上金を徴収し、綿布の幅など規格を定めている。十九世紀前半までは比較的自由な売買がなされていたようであるが、藩財政が窮地に陥った天保十三年（一八四二）以降、大坂を除く他国への販売を一切禁止するとともに、大坂丹波屋《たんばや》に独占的に取り扱わせることとした。その際に藩内で生産される綿布の規格を新たに設定し、藩が検査をした。大坂丹波屋はこの便宜の見返りに毎年五〇〇〇両を藩に納めていた。

その後、幕末の慶応期（一八六五〜一八六八）になると、米などの穀物の物価が上昇する一方、大坂での安芸木綿の値段が下落する事態となり、木綿生産に関わる人々の生活を苦しめた。結局藩は、明治二年（一八六九）に統制を放棄し、木綿の自由売買を認めている。しかし、幕末に開始した西洋との貿易の影響で、安価な外国産の木綿が大量に流入したため、日本各地の木綿栽培は打撃を受け、広島藩内でも木綿栽培は衰退した。明治初期、殖産工業政策の一環で広島に官営広島紡績工場が建設されたのは、広島の高品質の木綿作りが背景にあった。

なお、綿花の種からは油が搾《しぼ》られていた。副産物ではあったがこの点でも綿は利用価値の高い作物であった。

その他、具体的には紹介できなかったが、江戸時代後期には藍の栽培・藍玉の生産も奨励され、安芸国沼田《ぬまた》郡などで盛んに行われた。

# 牡蠣《かき》と海苔《のり》

現代でも広島の冬の味覚として、全国で生産量一位を誇るのが牡蠣だが、牡蠣が広島湾で養殖されるようになったのは、江戸時代のことであった。ここでは牡蠣のほか、近年は衰退してしまったが、牡蠣の養殖とほぼ同じ地域で江戸時代以降盛んに行われ、地域の特産品であった海苔も併せて取り上げたい。

広島湾で牡蠣の養殖が定着し発展したのは、広島湾沿岸が太田川など河川が運ぶ栄養分や干潟などが牡蠣の生育条件に適していたという自然条件に加え、養殖方法について地域ごとにその地にあった改良が行われたという技術的な面、さらに大坂に販路を確保していたという経済的な要因が整っていたことによる。

広島湾での牡蠣養殖の始まりの時期は定かでないが、十七世紀半ばの寛文三年（一六六三）に、伊予松山藩で広島から牡蠣七〇俵を購入したという記録があるので、遅くともこの頃には、産業として確立されていたようだ。

現代では、牡蠣の養殖といえば牡蠣筏《いかだ》が主流だが、これは戦後、海岸の埋立が盛んに行われる中で確立・普及した方法で、江戸時代には「篊建《ひびだ》て」による養殖であった。篊とは、干潟に立てた枝付きの竹や細木で、これに牡蠣の種を付着させた。牡蠣専用の篊もあったが、漁業用の八重篊《やえひび》★が利用されることもあった。

▼八重篊
干潟で行われた、干満差を利用した漁のために立てられた篊。

「篊建て」による牡蠣養殖の様子
（『日本山海名産図会』より　守屋壽コレクション　広島県立歴史博物館蔵・写真提供）

江戸時代の牡蠣養殖は一般に、篊が立つ場所を採種場、種貝の付いた篊を移す塩分濃度の低い河口付近をトヤ場、牡蠣を二〜三年かけて育成する活場を用意し、段階ごとに場所を移動させながら養殖するものであった。ただし実際には、養殖する場所ごとに地形や海水の塩分、潮流といった牡蠣養殖の諸条件が異なるため、その場所ごとに養殖法の工夫・改良を加える必要があった。広島湾内でも、海田市と仁保島《にほしま》と草津では、それぞれ独自の養殖の手順があった。

生産された牡蠣の販路は、主に大坂方面であった。とくに草津村を飛び地で支配していた三次藩では、藩財政の窮乏を受けて大坂での正貨獲得に力を入れていたため、草津の牡蠣養殖と大坂での販売に力を注いだ。

三次藩は草津村に広島牡蠣株仲間を結成させ、毎年運上銀を徴収した。そしてこの株仲間は毎年一〇〇人以上が冬四カ月間、大坂に滞在し営業を行った。年間の売上げは銀一二〇〜一三〇貫であったという。そして宝永四年（一七〇七）には大坂高麗《こうらい》橋のたもとでの販売特権を得ている。それは、同年の大坂の大火がきっかけであった。高麗橋付近には高札★があり、この大火で焼失しそうなところを草津の牡蠣船が見つけ、高札を船に移して守り通した。大坂町奉行がその褒美として、彼らに高麗橋たもとでの販売特権を認めたというエピソードが伝わる。

三次藩が広島藩に吸収されたのちも、草津村の牡蠣仲間には販売場所の特権は引き継がれ、その後新たにできた仁保島の牡蠣仲間も高麗橋周辺が割り当てられ

▼高札
禁令や法令などを板の札に墨書して高札場に掲げ庶民に周知したもの。当時、高札は命にかけても守るべきものとされていた。

広島牡蠣船の大坂販売図
（『浪速叢書』国立国会図書館蔵）

て、広島の牡蠣生産地は競い合いながら大坂で販売していた。

牡蠣の養殖は十八世紀には安芸郡矢野村や坂村、十九世紀には厳島や廿日市にも拡がるなど広島湾周辺の広域に拡大、生産量も増えた。それに伴い、尼崎、堺、岸和田、京などへの販路開拓を行っている。

海苔《のり》の養殖も牡蠣同様、始期ははっきりとしない。遅くとも十八世紀前半の享保年間（一七一六〜一七三六）には、安芸の特産として確立されていたと考えられる。太田川の栄養豊富な淡水と海水が混ざり合う汽水《きすい》域であること、干満差の大きい干潟が広大に広がっていることが海苔の養殖に適しており、この立地を利用して海苔の養殖が行われた。仁保島村と江波《えば》村が産地として知られるが、ともに牡蠣の養殖が盛んな地域でもあった。牡蠣養殖が盛んだった草津でも海苔の養殖は行われていたが、次に述べる漉海苔《すきのり》は定着しなかったらしい。背景には、隣接する江波との間で、干潟を巡る境界争いがあったためともいわれている。

この海苔養殖が発展を見せたのが、十九世紀前半の文化年間（一八〇四〜一八一八）以降で、それまでの生海苔の加工品（えびら海苔★）ではなく、漉海苔が生産されるようになってからであった。この技術は文化八年に仁保島や江波村の人が江戸で学んだ抄製《しょうせい》★の技術を持ち帰ったことで生産可能となった。漉海苔の生産は、西日本では広島が最初であった。

なお、広島湾岸の海苔養殖は、近現代の沿岸埋立によって干潟が失われたこと

▼えびら海苔
収穫した海苔を、「えびら」と呼ばれる簾のようなものの上に広げて乾燥させた海苔をいう。

▼抄製
細かく刻んだ海苔を水中で和紙を作るようにすいて板状の海苔を作ること。抄は「すく」を意味する。これによってできるのが漉海苔で、浅草海苔はその代表的なもの。

で衰退し、昭和五十年代に姿を消した。

## 広島城下周辺の工芸品

最後に領内最大の都市、広島城下とその周辺の工芸品について見ていきたい。ここでは、和傘、針、仏壇と、熊野の筆について紹介する。

和傘は戦後、洋傘に取って代わられてしまったが、近代の広島市では代表的な産業のひとつであった。広島の和傘作りの歴史は元和五年（一六一九）に浅野長《なが》晟《あきら》が広島に入封した際、紀州から傘職人を移住させたことに始まるとされる。

この傘職人は傘屋庄右衛門といい、浅野家に召し抱えられた扶持職人で藩の傘御用を務めた。領内で産出される和紙と竹を使った和傘は、広島城下の産業として次第に発展し、十八世紀後半の安永九年（一七八〇）には他国への移出が一三万本にも及んだ。十九世紀前半の文政五年（一八二二）には広島城下に傘作りに関わる職人が一三〇人近くいたことが知られている。これらの職人以外にも、足軽など下級藩士の内職として傘骨削りといった仕事が広く行われていたようで、この辺りにも藩が和傘作りを助成した要因があったという。和傘作りは、明治維新後も引き続き広島の特産として作り続けられ、大正期に生産のピークを迎えた。江戸時代の特産から現代にも引き継がれて、広島の地場産業になっているもの

広島城下の傘職
（「広島城下絵屏風」より　広島城蔵）

に針作りがある。先述のように、広島藩内では鉄作りが盛んで、鉄を素材とした生活の道具も作られ、その一つが針であった。その始期は諸説あり定かでないが、遅くとも十八世紀前半に長崎の技術を導入して始まったといわれ、広島城下で作られた針は「南京正伝針」の名で名声を博していたという。安芸国山県郡の加計村や新庄村には、針の素材となる針金を作る家（糸鉄鍛冶屋）が江戸時代後期の文政年間（一八一八～一八三〇）に一一件あったと記録されている。これらの針金の多くは大坂に送られたが、一部は広島城下町で、磨きや穴開けなどの工程を経て針に加工された。文政五年の記録では、広島城下の広瀬組に縫針師、縫針細工師、新開組に針細工師、縫針細工、新町組に縫針鏡磨《ぬいばりかがみとぎ》といった職人がいて、彼らの分業によって針作りが行われていた。★

広島城下の特産で、現在も受け継がれているものに仏壇がある。広島で仏壇作りが盛んになった背景には、宗教面と技術面の背景が考えられる。「安芸門徒」に象徴されるように、当地域は中世以来浄土真宗の信者が多く、仏壇の需要があった。また、戦国時代以来需要が高かった甲冑や刀剣など武器・武具類の装飾を支えた様々な工芸の技術が、近世には、仏壇作りに応用されていくといわれる。仏壇は、金工、木工、漆工芸などの総合的な工芸品であった。

広島での仏壇作りは、江戸時代初めに浅野長晟が和歌山から広島に入封した際に、広島に移り住んだ金具細工師や桧物《ひもの》細工師、塗師《ぬし》らの技術を基盤とし、十八

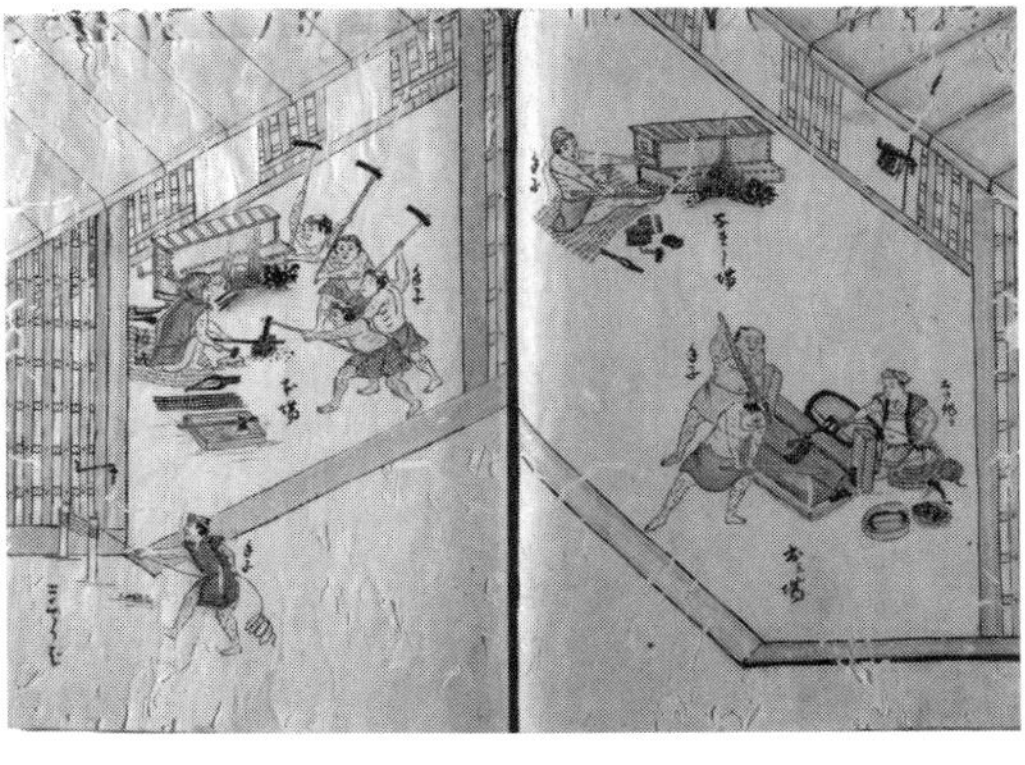

糸鍛冶
（国郡志御用二付下しらへ書出帳新庄村）
（深井家文書　広島県立文書館寄託・写真提供）

▼現代でも広島市西区で針の製造が行われ、現在、国産の裁縫用の針の九割は広島で作られている。

世紀初めに敦高という僧が上方で仏壇・仏具の製造技術を学んで帰ったことで、技術・技法が確立したとされる。「広島仏壇」と称される金仏壇で、高蒔絵《たかまきえ》★技法や金箔押し、欄間《らんま》の技術に優れているのが特徴とされる。

　そのほか広島城下に比較的近い安芸郡熊野村などで江戸時代末期頃に生産が始まった筆について触れておきたい。熊野では筆作り以前に墨を作っていた。筆の生産開始時期は、天保～弘化年間（一八三〇～一八四八）という伝承があり、摂津国有馬の技術を学んだと伝える。少し遅れて嘉永年間（一八四八～一八五四）に筆作りを始めたのが豊田郡川尻村で、同じく有馬筆の技術を現地で学び生産を開始した。いずれも江戸時代後期以降、寺子屋の普及なども含めて筆の需要が大幅に増大する中で、地元での筆の生産に踏み切ったものとみられる。

　その後明治になって近代学校制度が導入されると、筆の需要はさらに高まり、両村の筆作りは発展していった。

　とくに熊野筆は、近年、化粧筆の分野に進出し、高品質が国内外で評判となっていて、伝統技術を生かした新たな特産品として脚光を浴びている。★

　この他にも広島藩内の諸村では様々な産品が生産されていた。実際に江戸時代にさかのぼる地域の伝統的な産業には、この熊野や川尻の筆のように、江戸時代後期や末期に始期を持つものが少なくない。

**▼高蒔絵**
砥粉（とのこ）と膠（にかわ）で練った材料を使って、高く盛り上げる技法を用いた蒔絵。

**▼熊野の化粧筆**
平成二十三年（二〇一一）に日本女子サッカーのナショナルチーム（なでしこジャパン）がワールドカップで初優勝したのを受けて、国民栄誉賞が贈られたが、その際の記念品が、熊野の化粧筆であった。

熊野の化粧筆（筆のさと蔵）

これも広島

# 対馬に渡った広島の漁民たち

広島藩の海の漁民たちは、瀬戸内沿岸の定められた漁場で操業していた。しかし江戸時代後期の十九世紀前半以降、広島藩の漁民の中に、九州と朝鮮半島の間にある国境の島、対馬へ出漁していたことが知られている。彼らは対馬藩の許可を受けて同藩の統制の下で操業していたが、江戸時代、対馬藩は出稼ぎの漁民に対して原則として対馬への居住を認めなかったため、「通漁」という形で行われた。

対馬への通漁が開始されたのは、文化年間（一八〇四〜一八一八）に広島藩主浅野斉賢の娘とのちに対馬藩主となる宗義和の縁組のため、広島から対馬に使者を派遣することになったことがきっかけで、この時船方を務めた向洋《むかいなだ》の山村屋彦右衛門が、対馬近海の豊富な水産資源に気づき、帰国後、広島藩の年寄役を通じて対馬藩に、対馬近海での漁を願い出て許可されたのが最初という。

対馬藩の記録では、彦右衛門は文化十四年に初めて対馬近海での漁が許可されたと記される。彼に続いて広島藩から多くの漁民が対馬で漁を行い、対馬藩に運上を納めたという。また、この頃、彦右衛門ら瀬戸内の漁民の漁法は先進的であったので、この交流を通じて彼らから新たな漁法が対馬に伝えられた。対馬藩はこれを彦右衛門の功績として、文政五年、彼に運上の免除という待遇を与えた。

広島藩からの通漁民は、その後、増加をたどり、対馬藩の記録には彼らは「芸州漁民」と記された。対馬で漁をする場合、まず広島藩の地元の庄屋が交付する「船往来」（通行手形）が必要であった。対馬では、船改所で審査にパスしたら「切手」（漁の許可）が与えられ、漁を行うことができた。切手には操業船の国元・形態、乗組み人員数、操業内容、操業場所が記載されていて、適宜、提示する必要があった。

船往来がなければ追い返され、無切手での操業に対しては以後の入来を禁止された。その上負担金も増額されたが、不正な操業を働く漁民は跡を絶たなかった。文政六年から弘化五年（一八四八）の二十五年間に二三件の不正が記録され、うち一三件が広島藩の通漁者であった。不正の内容は、船往来の不所持、抜け荷（漁獲量を過小に報告）などであった。

彼らのような「芸州漁民」の出身地については、記録によると、向洋・日宇那《ひうな》など広島湾東部一帯、坂、長浜（広村）、音戸、蒲刈、因島であり、主には安芸国西部地域の漁村であった。

なお、安芸郡坂町の西林寺の過去帳には、海難事故で亡くなった漁民が記載されており、対馬に通った漁民も含まれている。対馬からの帰路に破船して落命した人、対馬で病死した人、対馬から戻って病死した人などがいたことがわかる。利益も大きかったものとみられるが、命がけの通漁であったことが想像される。

これも広島

# 広島の酒と広島藩

広島は全国でも有数の酒どころで、とくに西条（東広島市）は、「酒都西条」として兵庫の灘、京都の伏見と並ぶ三大名醸地として知られるが、江戸時代には、酒は広島を代表する特産品ではなかった。

## ◇広島藩の酒造り

江戸時代の酒造りについて見てみよう。酒の原料は米であり、米が穫れるところでは酒造りが可能なわけで、広島藩領内でも塩などと異なり瀬戸内沿岸部に限らず山間部でも生産が可能であり、事実、製造されていた。しかし、幕府の酒造統制によって、在方の酒造りが制限されたことから、広島藩でも酒造りは、広島・三原の城下町と尾道の町方のほか、竹原など、瀬戸内沿岸地域に偏ることになった。

江戸時代以前、三原の酒は備後国の特産として知られ尾道でも酒造りが盛んだった。江戸時代中期の十八世紀初頭には、この二町と広島と「安芸の小灘」とも呼ばれた竹原で領内の全酒造高の過半を占めていた。

広島城下には毛利や福島の時代から、酒造家が移住し酒造を始めた。その中には、三原の酒造家の菊屋もいた（広島城下で三原屋を名乗る）。その後、浅野氏の入封に伴って移住する酒造家もいた。江戸時代初めの酒造家の多くは、一般的に旧武士の出を称して、土着し百姓となって酒造りを手がけたものが多かった。浅野家に従い移住した伊予屋も旧毛利氏家臣と伝える。

その後、十八世紀後半以降の広島藩の酒造業界では、再編が進んだ。酒造りには株が必要で、新規の参入は認められなかった。

一方この頃には在方での酒造りが発展し、広島城下で販売されて城下の酒造業者の経営を圧迫、休業や再編が行われた。しかし城下での生産高は激増しており、大規模集中、経営拡大が行われたことがわかる。

なお、江戸時代の納税の基本的な物資であり、かつ人々の主食であった米を原料とする酒造りは、不作などの理由で米不足となり米価が上昇する場合、幕府や藩から生産調整を命じられることがあった。また酒造りの時期が冬場なのは、単に酒造りに適しているだけでなく、その年の作柄が確定した時期に行うことで、その年に使用できる酒米を見極めて酒造りを行うように統制されていたという事情もあった。

もともと幕府は元禄十年（一六九七）に酒造米高を定め、この範囲内で酒造りを認めていたが、十八世紀後半の天明の飢饉に際しては、天明五年（一七八五）に酒造米高を従来の半分に減らし、さらに二年後には三分の一に減石している。寛政から文政期（一七八九～一八三〇）にはほとんど減石令が出されず、近世における酒造りはこの時期にピークとなったが、天保の飢饉に際しては減石が命じられ、被害が深刻になった天保七年（一八三六）には三分の一に減石するなど統制を受けている。

## ◇近代以降の広島の酒造り

### ○西条の酒

近代以降の広島の酒造りについて西条を中心に見ていこう。西条が「酒都」をうたい全国的に知られる背景には、江戸時代からの酒造りの伝統があった。

西条の酒蔵群周辺は、江戸時代には賀茂郡の在町四日市として山陽道（西国街道）の宿場町で、地域経済の中核を担っていた。

この四日市での酒造りの始期を示すものとして嘉登屋《かどや》（現在の白牡丹酒造）の延宝三年（一六七五）の棟札と同時期の酒造用の井戸がある。嘉登屋を屋号とする島家は、関ヶ原の合戦で敗れた石田三成の腹心島左近を祖とし、当地域に逃れ土着し酒造りを始めたと伝わる。この頃には四日市に三軒の造り酒屋があったといわれている。

四日市では発掘調査が行われ近世の宿場町の様子が確認されたが、その中で酒造りに関連するとみられる施設の遺構も確認された（現在、現地で復元）。

そして、西条を含む広島の酒が一躍有名になったのは、明治三十年（一八九七）に、現在の東広島市安芸津町出身の三浦仙三郎らが軟水醸造法を確立、翌年『改醸法実践録』を刊行したのがきっかけであった。この地域の水質は灘などとは異なる「軟水」で酒造りには不向きとされていたが、西条出身の佐竹利市が開発した動力精米機を用いることで軟水での酒造りが可能になった。それによって、仙三郎は、風味が飛躍的に向上した吟醸酒を誕生させることに成功した。西条で酒造業を営む木村和平は、仙三郎の紹介で安芸津の杜氏を招き入れて「賀茂鶴」を造り、全国で高い評価を得た。

賀茂鶴酒造（東広島市）

嘉登屋標石（東広島市）

今でも広島の酒といえば、軟水を用いた吟醸酒である。近年、西条では八つの酒蔵周辺が酒蔵通りとして整備され、観光名所・酒文化が学べるオープンミュージアムとしても賑わい、毎年十月上旬には「酒まつり」も開催されている。

### ○安芸津の酒

安芸津は安芸杜氏の中心とされ酒造りの歴史も竹原と並んで古い。代表的な銘柄「富久長《ふくちょう》」の命名者は三浦仙三郎である。

### ○竹原の酒

竹原の酒造りの歴史は古いが、吟醸酒で有名になるのは明治以降。代表的な酒蔵の一つ竹鶴酒造は、享保十八年（一七三三）創業で銘柄は「竹鶴」が有名。竹鶴敬次郎は三浦仙三郎とともに軟水醸造法を開発したメンバーであった。ニッカウヰスキー創業者の竹鶴政孝は彼の息子で、ＮＨＫのドラマ「マッサン」のモデルとなって注目された。近くには夫婦の銅像もある。

これも広島

# 文化人たちが見た広島城下

山陽道（西国街道）が城下を通る広島の町は、数多くの人々が往来した。広島を訪ねた人々の中には、この地の印象を記録に残した者もいる。ここでは、江戸時代が中期から後期に差し掛かる十八世紀後頃、当時、一流の学者として評判であった二人の人物が記録した広島の姿を紹介したい。

一人は伊勢国出身で京の医師 橘《たちばな》 南谿《なんけい》、もう一人は備後福山藩神辺の儒学者菅茶山《かんちゃざん》である。とくに菅茶山は合理的な批評眼をもつ人物としても知られる。

まずは橘南谿から。天明二年（一七八二）、南谿は三十歳で西日本諸国を旅しており、寛政七年（一七九五）に『西遊記』として出版した。本書は東日本を旅した記録『東遊記』と合せて、江戸時代中期に最も読まれた紀行文の一つとされる。

広島については、「安芸国広島の城下、其繁華美麗なる事、大坂より西にしてはならぶ地なし」として西日本有数の繁栄ぶりを記し、続いて「其町にぶた多し」、「京などに犬のあるごとく、家々町々の軒下に多し」と記録している。「他国にては珍しき物なり」という。城下に豚が多いのは全国的にも珍しかったようだ。

江戸時代に広島城下に豚が多かったというのは、文政年間の広島城下の地誌「知新集」にも言及がある。豚はもともと多かったため貞享二年（一六八五）頃に捕獲、一部を残して郡中に放したが、その後、また豚が増えたものの、いつの間にか減り、ついに絶えてしまったという。

さて、菅茶山はどうであっただろうか。茶山は、南谿の六年後の天明八年、四十一歳の時に宮島の管絃祭の見物に出向いている。宮島には彼が七歳の時に母親や祖父に連れられて訪れたことがあるらしく、二度目の訪問であった。今回の訪問では広島城下に立ち寄り頼春水・杏坪兄弟と親しく交わった。旅のもう一つの目的だったことだろう。杏坪らに案内されて城下見物にも出かけている。茶山はこの旅行を「遊芸日記」と題した格調高い漢詩文にまとめた。

太田川が七筋に分かれて海に注ぐ様子を紹介し、船の様子や洗濯をする女性を漢詩に詠んだ。川には帆船や人糞を積んだ船などが行き交い、茶山も城下を見物するのに川船を利用したが、船がつかまらなかった時には屎船《くそぶね》にも乗ったと記している。

若い頃、上方で学んだ茶山であるが、広島城を見て「厳然たる大藩なり」と印象を語っている。また東照宮の優雅な様子に感じ入り、不動院の建物の垂木や枡形、天井などの見事さを賞賛している。

茶山も広島城下の豚について、子どもが豚の背中に乗る様子を漢詩の一節に加えて、城下の長閑《のどか》な風情として詠んだ。

その他、城下周辺の村では麻の栽培が盛んな事や藍の栽培にも気がついている。広島藩では、藍の栽培にも力を注いでいた。茶山は、この時期の広島藩らしい景観を書き留めている。

# 第六章 幕末・維新期と広島藩

藩財政が疲弊する中、広島藩もペリー来航をきっかけに、激動の幕末期を迎える。

「広島藩海防絵図」（木村恒氏所蔵文書　広島県立文書館蔵・写真提供）

# 1 ペリー来航と広島藩

ペリー来航は、幕藩領主に大きな衝撃を与えた。

広島藩では改革派が形成されたものの、政権を主導するには時間がかかった。

しかしながら、支藩から藩主に就任した長訓の下、時代に対応すべく様々な改革が行われた。

## 藩政の推移と藩政改革

ペリー来航ののち、広島藩も激動の幕末期を迎えるが、その前に、天保期以降の藩政の推移について見ておきたい。斉賢《なりかた》の没後、天保二年（一八三一）に第九代藩主となったのは嫡子斉粛《なりたか》であった。安政五年（一八五八）に隠居するまで二十七年間の治世で、彼はペリー来航時の藩主でもあった。

これまで浅野家では、和歌山藩時代に長晟が藩主に就任する際に家臣団が二分されたことがあったが、広島入封後では長晟以降、着実に藩主の嫡子が相続しており、その後は大きな内部対立はなかった。しかし、斉賢の後継を巡って、斉賢の弟長懋《ながとし》（右京、十一代藩主茂長の実父）と斉粛が争う事態となった。広島藩で、跡目争いはこの時だけといえる。

この頃、藩内にも藩政の指導層に対する不満が大きくなり、藩内に派閥が形成された。斉賢の後継を巡る争いには、背後に家臣団内の藩政運営上の対立があり、指導層に反対した一派は、長懋の新藩主就任による藩政の一新を期待したが、結局、指導層が推した斉粛が第九代藩主となり、藩政改革は行われなかった。

斉粛が藩主就任後間もない天保四年から七年間、藩は近世最大の飢饉といわれる天保の飢饉に直面した。文化・文政期（一八〇四―一八三〇）以来、順調であった藩の財政は一気に傾き★、それまで千数百貫であった大坂の鴻池家からの銀の借入が天保八年には三〇〇〇貫、天保十年には八〇〇〇貫にまで膨れ上がった。

ペリーが来航した嘉永六年（一八五三）には、広島藩が領内や江戸、大坂に抱えた借財は、金七〇万両といわれる。広島藩の収入は年間約六〇万両、そのうち藩士らの扶持（給料）を差し引いた実質の広島藩財政の規模は二二万両ほどと推定されているので、七〇万両★というのは実に藩予算の三年半分に相当した。藩財政は、宝暦期（一七五一～一七六四）以降、領内での倹約や経済統制、産業奨励などによって好調を保っていたが、それは平時において実現されたもので、自然災害や飢饉などに直面した時に、それに耐えうるものではなかったことがわかる。これに加え、六～七年に一度の幕府の命による普請が追い打ちをかけた。

斉粛を藩主に推したのは、藩政の実権を握っていた年寄上席の関蔵人とその次に年寄上席となった今中助親《いまなかすけちか》（丹後）たちで、守旧派と呼ばれるグループであっ

**▼藩政が傾いた一因**
天保四年の藩主斉粛と末姫（将軍家斉の娘）との婚姻が指摘されている。将軍の姫を迎えるとあって、通常の藩主家族の住む上屋敷でなく、屋敷地北西に屋敷群を増築した。また、女中五〇人が大奥から移ったことも藩財政を圧迫した。なお、末姫と女中たちは明治維新までこの屋敷で暮らしており藩は恒常的な支出を余儀なくされた。

**▼七〇万両**
藩札の発行額を加えると実質の不足は一〇〇万両ともいわれている。

た。この後、今中丹後に次第に権力が集中し、独裁的な政治が行われるようになったという。自らの親族や腹心を要職に就かせ、反論するものは左遷されるため議論ができる状況ではなくなった、と反対派から批判されている。

そのような中で、藩が天保の飢饉以降にとった財政再建策は、変わりばえのしないものであり、実が上がらず混乱を招いた。とくに藩札を乱発したことは紙幣価値の低下（＝物価上昇）を招き、その上家臣の知行米を減石（借知）したため、家臣団の家計はさらに困窮して藩の勢いは失われていった。

藩札についてもう少し詳しく見ると、弘化三年（一八四六）以降、広島藩が発行する藩札の下落は甚だしく、米一石の値段は正貨（銀貨）では八六匁だったのに対して、藩札では三貫三八三匁であった。一貫＝一〇〇〇匁なので、約四〇分の一に下落したことを意味する。米でなく藩札で給料を受け取る藩士の生活の困窮ぶりは想像に難くない。さらにペリー来航直前の嘉永五年（一八五二）には、正貨であれば六〇～六五匁で金一両と交換できるところが、藩札では三二貫目（三二〇〇〇匁）必要となるという暴落ぶりであった。

このような経済の混乱により、広島城下では両替商が打ちこわしにあうほどであった。藩は、新藩札を発行し旧藩札と交換・回収することで事態の収拾を図ったが、その交換相場は旧藩札の五〇〇倍であった。旧藩札はほとんど価値を失ったことになる。天保・弘化・嘉永と続く一八三〇～五〇年頃は、ペリー来航に始まる激動の時代の前夜に当たる時期で、その頃に藩債を整理し財政再建を成し遂げた長州藩や薩摩藩に対して、広島藩はかつてない藩財政の窮乏と、領内経済の混乱の中にあって、藩政府に藩政改革や軍事改革、人材育成・人材登用などは望むべくもない、閉塞的な状況であったといえる。幕末を迎える前提条件が、西南雄藩と呼ばれる長州藩や薩摩藩、佐賀藩などとは大きく異なっていた。

## ペリー来航のインパクト

日本近海に西洋の船舶が出没するようになったのは、西洋で測量技術の進歩や航海技術が改善され長期の航海が容易となった十八世紀後半になってからのことで、太平洋岸や日本海岸の諸藩では、砲台の築造など沿岸防備を進めた。清国がイギリスに敗れたアヘン戦争の情報は、幕府や諸藩に衝撃を与え、海防の重要性が広く共有された。内海とはいえ、藩領に長い海岸線を持つ広島藩でも同様の認識で、藩は沿岸防備のためにペリー来航の三年前の嘉永三年（一八五〇）、広島城下にほど近い安芸郡牛田村（現広島市東区）で大砲（モルチール臼砲《きゅうほう》）を鋳造し、広島に三門、江戸に三門配備した。

そして嘉永六年六月、アメリカ合衆国の東インド艦隊司令官ペリーが蒸気船二隻を含む軍艦四隻で浦賀に入港、アメリカ大統領の国書を手渡して幕府に開国を要求、翌年の再来日を告げて一旦退去するという事態をむかえた。

これまでも国交を求めて外国からの使節が訪れたことはあったが、幕府は日本の立場と慣習★を説明し交渉を持たなかった。江戸や蝦夷地《えぞち》などに来航した使節には、日本の外交窓口は長崎であることを伝え、長崎以外では交渉しなかった。

しかし、圧倒的な軍事力を背景に、威圧的に交渉に臨んだペリーに対して幕府は、艦隊が停泊する浦賀に近い久里浜《くりはま》への上陸と国書の受取りを認めざるを得なかった。この時に幕府を主導していたのは老中首座阿部正弘《あべまさひろ》（福山藩主）で、幕府は諸大名や旗本に国書の内容を示した上で、今後の対応についての意見を求めた。それに回答した広島藩の意見書の要点は次のようであった。

●アメリカは和親の趣旨で来日しており、日本側が従来の国内のルールを理由に、一概に打ち払うというのはいかがなものか。

●今回のことは、変則的であっても臨機応変に、正しい判断をするべきだ。

●アメリカと日本の状況を分析した上で、平和的に交渉するか、戦争をするかを決定すべきではないか。

ここから、旧来の外交方針の変更も視野に入れながら慎重に考えるべきで、結果として開国もやむなし、という消極的な開国容認論が読み取れる。

翌年一月に再来日したペリーは、幕府との交渉に強硬な態度で臨み、幕府は結局、日米和親条約を締結して下田と箱館を開港した。その後、イギリス・ロシア

▼外交上の日本の慣習
国交を持つのは朝鮮、琉球のみで、オランダや清とは長崎で通商を行っていたこと。

・オランダとも同様の和親条約を締結した。そして安政五年（一八五八）には日米修好通商条約など安政五カ国条約を結び、二年後から貿易が開始された。

## 改革派の形成と藩政

ペリー来航直前の藩内は、年寄上席の今中丹後主導下で、経済は混乱し家臣の生活も困窮していた。藩内では事態を打開しようと、世継ぎ争いでは敗れた反対派が巻き返しを図るため「改革派」を形成した。改革派は、藩政への批判と立て直し、軍備の充実・軍制改革を目指した。改革派の中心となったのは、藩の中でも「軍方」と呼ばれる軍事的な任務を担当する藩士たちで、この中には、幕末・維新期に活躍する辻将曹《つじしょうそう》（維岳《いがく》）もいた。

そして、この改革派がペリー来航を機に危機意識から行動に出た。藩を主導する今中らの守旧派を退け、自分たちが藩の主導権を奪取するため画策したのである。藩の現状を憂う家老に働きかけ、三家老は連名の建白書を作成、藩庁政権の交代を要求した。建白書は、江戸にいる藩主斉粛《なりたか》に密かに渡される必要があり、江戸の青山新田藩主茂長《もちなが》（斉粛の弟長懋《ながとし》の子。のちの本藩藩主長訓《ながみち》）と斉粛の正室泰栄夫人に連絡し、茂長から斉粛に提出された。

斉粛は建白書を受理したものの、在江戸の年寄役二川清記は改革派を積極的に支持せず、結局、安政元年（一八五四）に今中らを配置換えとし彼らを政治の中枢から除いたが処罰はされなかった。さらに、改革派からは年寄に一人加わっただけで、政治の主導権は握れなかった。藩内のバランスを取った人事ともいえそうだが、その後は、年寄上座の生田筑後の権威が増大し、藩財政は好転せず、軍備の増強には至らなかった。

改革派は、生田筑後を財政問題に的確に対処できる器ではないとみていた。そこで家老で三原城主の浅野遠江（忠助）は、他の二家老や改革派の辻将曹と連絡を取り、翌安政二年末に、藩主斉粛に単独で言上して藩政改革の実施を要求した。第五代藩主浅野吉長の改革以来、実務を担うのは年寄役であり、家老は後見役・相談役で、直接藩政の運営に関わることができなかったが、その点も改善を求めた。あわせて生田筑後を退け、辻ら改革派の登用を要求したのである。斉粛は直ちにこの三点を承諾したが、年寄役らに反対されたため実現しなかった。

このため、進言した浅野遠江は安政三年四月に隠居し、さらに八月には改革派から唯一年寄役に就いていた藤田兵庫も職を追われた。改革派は藩政の中枢から一掃され再登場までにおよそ五年の歳月を必要とした。この「失われた五年」は、広島藩のその後の命運にも影響を与えることになる。

## 長訓の藩主就任と諸改革

改革派が藩の中枢から追われて二年後の安政五年（一八五八）、藩主斉粛が隠居した。四十五歳の若さであったが、病気が原因であったようだ。その後、二十三歳の世子慶熾《よしてる》が第十代藩主となった。慶熾は、薩摩藩主島津斉彬《なりあきら》、土佐藩主山内豊信《やまうちとよしげ》（容堂《ようどう》）、福井藩主松平慶永《よしなが》（春嶽《しゅんがく》）、宇和島藩主伊達宗城《むねなり》ら、幕末の政局で重要な役割を果たす開明派の有力大名とも親密であったといわれ、英名高い広島の若きプリンスとして家臣団や領民からも期待されていた。しかしながら、就任後四カ月で、頭痛・発熱・下痢などを併発して江戸で病没した。広島藩にとって喪失感が大きかったに違いない。そして、慶熾の急死に伴い、分家の青山新田藩主浅野茂長が新藩主に就任、これを機に長訓《ながみち》と改名した。

第十一代藩主となった長訓は、翌安政六年に領国に入ると早速改革に着手する。まずは領国内を巡察することを布告した。実際に視察したのは文久元年（一八六一）からであったが、目的は、異国船への防備や国境警備のための予備調査、領民の様子の実見、殖産興業のための実態把握であった。この視察は東北諸郡は家臣に代行させたものの、実際に藩主自らが行った大規模なものであった。そしてこれがこの後の改革のベースとなっていく。

文久の改革には人材の登用、郡制改革などによる農村の立て直しと殖産興業の推進、農兵制の導入を伴う軍制改革といった特徴が指摘されるが、とくに、人材登用・殖産興業・軍制改革についてその概要を見てみよう。

◇人材登用

天保期（一八三〇―一八四四）以降の守旧派と改革派の対立の中で藩政の実権を握ったのは守旧派であったが、長訓は青山新田藩主時代から改革派を擁護していた。長訓は本藩の藩主に就任すると、藩の中枢から守旧派を退け改革派を登用する人事の刷新を行った。藩政を担う年寄役には野村帯刀《たてわき》（九郎）、蒲生司書、辻将曹、石井修理《しゅり》（正敏）ら改革派の人物を登用した。ここに、ようやく改革派の政権が誕生した。

そして吉長の改革以来、藩政の後見役とされた家老や浅野家一門を藩政へ参与させ、年寄役を補佐する用人クラスにも改革派の植田乙次郎らを登用、実務官僚としての能力を発揮させた。以後、家老、一門、年寄役、用人などが結集して改革を推進し、幕長戦争や明治維新の難局に対応することになる。

◇殖産興業と貿易

広島藩では、これまでも領内各地でその風土に応じた産業を奨励し、藩が特産品を専売にするなど藩財政を支えてきたが、長訓はさらなる産業振興を図った。藩は、領内の諸郡に郡役所を設置して郡内の統制や治安維持に当たらせたが、一方で「土地人情に応じた産業を考え、山野を利用し尽くす」方針を掲げて郡役所に勧農方《かんのうがた》（産業奨励の部署）を設け、全藩あげて殖産興業政策に取り組んだ。これは藩主長訓が領内を視察した目的のひとつでもあった。

そして、この時期に特徴的な産物に桑の栽培と養蚕・製糸業、茶の栽培と製茶業がある。桑の栽培については前章でも述べたが、慶応二年（一八六六）には近江国から蚕種商と養蚕婦を呼び寄せて佐伯郡や山県郡で養蚕を行わせ、さらに他郡にも広めようとしている。茶も前章で述べたとおりである。

万延元年（一八六〇）から西洋諸国との貿易が始まり、日本の主な輸出品は生糸と茶で、主な輸入品は銃などの武器であった。つまり、広島藩の幕末の殖産興業政策は、時代の変化に対応すべく打ち出された事業であり、藩内産の茶や生糸は、広島藩が正貨（金・銀）を獲得する資源でもあった。

そのほか元治元年（一八六四）には生産掛《かかり》や武器製造掛を新設し、そこに銅山方、油方、紙蔵、山方、製銃方、開港方、藍方《あいかた》等を設置した。

次に幕末の広島藩の貿易について見てみよう。従来の広島藩産品の販売先は、基本的に大坂市場で、これが正規販売ルートであった。それに加え、幕末期には薩摩藩や長州藩との貿易を別ルートで行うようになったことが注目される。

薩摩藩とは、文久年間（一八六一―一八六四）に広島藩産の鉄販売を開始した。薩摩藩では、製糖用の鉄鍋の素材として鉄の需要があった。また、広島藩からは米も輸送し、薩摩からは金銭を広島に納めることとされた。広島藩はこの時期、軍備の増強を目指しており、そのための資金調達をもくろんでいた。

この薩摩との貿易は、文久三年八月以降、さらに発展をみる。広島藩は薩摩藩から一〇万両を借り、広島藩は毎年一万石の米を薩摩藩に提供するという取り決めがなされ、最終的には、広島藩から銅・鉄・繰り綿・木綿を送り、薩摩からは生蠟《きろう》★・硫黄華《いおうか》★・金銭を送るという貿易に発展した。両藩の貿易拠点として豊田郡の御手洗港が指定された（薩芸交易）。

広島藩にとっては、大坂で販売すると売却益が藩の借金の返済に充当される可能性があり、藩の産品の売却益を藩の運転資金とするためにも大坂とは別の薩摩ルートが大きな意味を持っていた。事実、広島藩は慶応二年（一八六六）に長崎の薩摩屋敷で五万両の蒸気船万年号を買い付けたが、これは薩摩藩との貿易の成果のひとつであった。また、宮島を基地にして長州藩とも貿易を開始した。

また、万年号購入代金の支払いが滞ったため、薩摩藩は広島藩に対し、国産品を長崎で西洋諸国に販売し、その代金を返済にあてるよう提案した。

その結果、御手洗港を拠点とした薩芸交易に留まらず、長崎での外国向け輸出にも発展した。これは密貿易であったが、慶応二年頃から長崎の商人と結んで行

▼生蠟
木蠟とも書く。ハゼノキから採れる蝋で和ロウソクの原料となる。

▼硫黄華
天然の硫黄の粉末で、江戸時代には付け木（着火の道具）に使用された。

われていたようだ。なお、尾道の豪商橋本家の橋本三郎助は、この動きを察知していたようで、不正な（しかも攘夷の対象である西洋諸国との）貿易を行う藩政府に対する懸念を表明している。

### ◇海防の強化、軍備・軍制の再編と農兵の動員

次に、幕末の海防や軍事について見ていきたい。ペリー来航に端を発する西洋諸国の日本進出や、それへの反動である尊王攘夷運動の高まりなど国内政治が混乱する中、広島藩など領内に海岸線を持つ大名は海防の強化が求められた。

実は、西洋諸国の往来がきっかけの海防整備はこの時が初めてではなく、ペリー来航の約半世紀前、十九世紀初頭に一度あり、その時に諸藩は沿岸地形の調査を行って、砲台や番所（物見台）などを設置していた。広島藩でも文化五年（一八〇八）と同十二年に藩の役人が領内の沿岸地域を巡見し、海岸地形や水深などとともに番所などの位置を描いた地図を完成させていた（本章扉の画像）。

幕末期には、文久三年（一八六三）に生口島や因島、向島など七カ所に御台場（砲台を設置した場所）を築いた。この文久期の御台場設置は、当時尊攘派の志士や公家が朝廷を牛耳る中で、孝明《こうめい》天皇が、上洛した将軍徳川家茂《いえもち》に攘夷決行を迫り、家茂が文久三年五月十日の攘夷決行を約束したことが直接的な理由であった。これにより諸大名は幕府から同日の攘夷決行を求められ、広島藩でも先ほどの御

台場を築いた。このように、広島藩は、開国や尊攘派の台頭といった動きに大きく影響を受けながら、対応策を講じていた。

　この時期、広島藩は海防の強化に際して、庶民にも負担を求めている。藩は安政二年（一八五五）、領内に、異国船防御用銀《ぼうぎょごようぎん》を賦課して領民から寸志銀を集め、大砲や小銃の材料とするために寺院の梵鐘《ぼんしょう》の供出を命じた。例えば賀茂郡では翌年に六五口の梵鐘を供出している。寺院の梵鐘の供出と聞けば、太平洋戦争中を想起させるが、同じことがその百年前にも行われていたのである。

　また、広島藩ではこれに先立つ嘉永三年（一八五〇）に先述のとおり藩内初の大砲（モルチール砲〔臼砲〕）鋳造を計画し、実際に製造したが、その後、安政六年に江戸から兵器職人を招いて小銃や大砲の製作に当たらせている。さらに元治元年（一八六四）には武器製造掛を設け、その中に製銃方を設置した。製銃方は沼田郡舟入村に設けられ、ここでゲベール銃が製造されたと思われる。この元治元年前後の頃、西南雄藩の小銃は、従来のゲベール銃から新発明のライフル銃★であるミニエー銃に移行しつつあったが、広島藩は時代遅れになり始めていたゲベール銃を使用し続け、領内で製造したり他藩で不要となったゲベール銃を大量に購入したりしていて、装備の後進性が指摘されている。

　また、このような西洋式の銃砲の整備は、必然的に軍制の洋式化を伴った。文久二年に浅野遠江（忠助）と年寄辻将曹を中心に、西洋式の砲術と隊列の調練を

広島藩で使用のゲベール銃と刻印（下）
（広島城所蔵　広島県立歴史博物館・写真提供）

行うことを決めた。それは家中藩士の再編成を伴うもので、旧来の軍制である砲術、弓術などの諸流師範役は廃止された。この決定は旧師範家や保守的な藩士たちの反発を招いたが、藩はこれらの抵抗を排除しながら軍制の改革を進めた。

もうひとつ、幕末期の広島藩の軍事面で特筆すべきものに、農兵の編成がある。先ほども触れた京を舞台とした中央政界の動きの中で、文久三年五月十日の攘夷決行の方針が決定されたが、広島藩はこれに対応して農兵を募った。村々の屈強の者、武芸に心得のある者の調査や有志の者を見分した。海岸防御や浪人の横行に対処するため、倉橋島、下蒲刈島、廿日市、能美島、忠海、御手洗、因島、向島など沿岸部九カ所で、有志者を募って農兵として編成し、西洋砲術や剣術を習わせて不慮の事態に備えさせ、各地に数人の藩士を派遣して彼らの教練に当たらせた。先述した七カ所の御台場にも藩士に附属して近辺の農兵が任に就いた。

この農兵は、身分や村の中の格をそのまま維持して編成されており、実力主義に基づくものではなかった。そして、彼らに与えられた第一義的な任務は、地域の治安確保であり、藩兵が出動するまでの初動の兵力として期待されたに過ぎなかった。また藩は、農兵の訓練や装備に必要な資金を持っておらず、豪商や豪農の献金に依存していた。しかも武芸はあくまで農閑期に行われ農繁期には本業である農業を優先させるなどの限界があった。

文久期に編成された農兵は、後述するように慶応二年（一八六六）に危機がい

**▼ライフル銃**
銃身にライフル（らせん状の浅い溝）が施された銃。この溝により、弾丸に回転がかかり、飛翔中の玉が安定し命中度が高まった。ゲベール銃は、このライフルがないため命中度が低かった。

っそう深刻になる中、諸隊の誕生、という形で発展を見せる。

このように、広島藩の農兵編成の契機は、幕府による「文久三年五月十日の攘夷決行」方針の決定であった。攘夷決行に際して藩は、藩士及び領内一円に「布告」を出したが、そこでは、領民が、自分たち自身や領土を防御することが、藩主に対する「御恩」である、と説明されている。

これは土地・人民の生命と財産を守ることがその使命であり、それこそに存在意義があった封建軍事力（武士階級）が、西洋列強の軍事的な圧力を前にしてその感覚を喪失したものともいわれる。本来は領民を「守るべき」武士階級（ゆえに領主であった）が、「守られるべき」存在である民衆に対して自衛を期待するという、それまでの江戸時代には考えられなかった論理の転倒がみられ、これは新たな時代を感じさせるものとして注目される。

## 2 幕末の政局と広島藩①第一次長州出兵

幕末の広島藩は、西に境を接し、この時期尊王攘夷を藩論として中央で大きな影響力を持った長州藩と、中央の政局に大きく巻き込まれることになった。そして、広島が政治の舞台として注目を集めることになる。その最初が、第一次長州出兵であった。

### 第一次長州出兵までの経過

江戸時代の最後の数年間、文久・元治・慶応年間（一八六一―一八六八）の広島藩は隣の長州藩の動向に大きく影響を受けた。幕末の広島藩の動向をみていくためにも、ここでペリー来航以降の政局を長州藩の動きとともに概観しておきたい。

ペリー来航を皮切りに西洋列強との和親条約、修好通商条約などの締結とそれに伴う貿易の開始など外圧を受けて、幕府はそれまでの外交方針を大きく変更せざるを得なかった。朝廷（孝明天皇）の勅許を得ないまま、日米修好通商条約が大老井伊直弼《いいなおすけ》の判断で調印されたことは、尊王攘夷運動を激化させた。運動の中心は、下級の藩士や浪士ら尊攘派の志士で、その中で尊王攘夷を藩是《はんぜ》（藩の方針）とした長州藩は、文久二～三年の京において、尊攘派の公家たちとともに朝廷を主導していた。他方、井伊直弼が桜田門外の変で暗殺されたのち、幕府は公武合体と呼ばれる朝廷との連携を模索し、文久二年に将軍家茂の正室に孝明天皇の妹和宮《かずのみや》を迎えた。朝廷はこれを機に江戸に勅使《ちょくし》を送り、幕府の政治に介入した。そして文久三年三月に将軍家茂が、徳川将軍としては約二百年ぶりに上洛し、孝明天皇に謁見した。この頃の京は、尊攘派が最も勢いのあった時期であった。家茂が五月十日の攘夷決行を宣言したのは、この時であった。これを受けて広島藩も対応をしたことは先に述べたが、実際に当日に実行したのは長州藩のみで、同藩は下関海峡を通航する外国商船を砲撃した。

その後、事態は急変する。同年八月、公武合体を目指す薩摩藩と会津藩が京の尊攘派を追放（八月十八日の政変）、尊攘派公家は処分される中、三条実美《さんじょうさねとみ》★らは長州に落ち延びた（七卿落《しちきょう》ち）。その道中、御手洗にも立ち寄っている。

そして翌元治元年（一八六四）、勢力挽回を目指す長州藩や土佐藩出身の尊攘派志士たちが京の池田屋で会合していたところを会津藩支配下の新撰組が襲撃し、多数の死傷者を出した（池田屋事件）。これを受けて、長州藩では三家老が兵を率いて上京し、御所の蛤《はまぐり》御門《ごもん》付近で守衛していた会津・薩摩両藩の軍と軍事衝突、京は焼け野原となり、長州藩は敗走した（禁門《きんもん》の変）。戦後の七月二十三日に、朝廷は長州藩追討の勅命を下した。幕府は、西国諸藩に出兵の準備を命じ将軍が進発することを明らかにし、御三家の名古屋藩の前藩主徳川慶勝《よしかつ》を征長総督、福井

御手洗・七卿落ち遺跡（呉市豊町）

▼三条実美
一八三七―一八九一。幕末・明治の政治家。幕末期は攘夷派の公家として活動し、明治政府では太政大臣などの要職を務めた。

藩主松平茂昭《もちあき》を副将に命じた。幕府軍は岩国《いわくに》・石見《いわみ》・徳山・下関・萩の各方面からの攻撃を定めた。この時幕府軍の本営とされたのが広島であった。

一方の長州藩は、禁門の変の翌月、下関でイギリス・アメリカ・フランス・オランダ四カ国連合艦隊により砲撃を受け、砲台は占拠・破壊された。これは前年五月十日の下関での外国船への砲撃に対する報復であった。その結果、長州藩内で政権を握っていた尊攘派は急速に勢力を失い、保守派の政権が成立した。

## 第一次長州出兵と広島

広島藩はこの第一次長州出兵★に際し、岩国方面の攻撃を命じられた。岩国方面の攻撃には吉田支藩★（旧青山新田藩）や福山藩など一〇藩が配置されていた。これらの藩は十月末に大坂で軍議を開き、十一月十八日に攻撃を開始することを決定した。これを受けて諸藩兵一五〇〇〇人以上が広島に集結した。

広島藩も藩主世子長勲《ながこと》の出陣が決まり、吉田支藩を合せて二七〇〇人余りの兵が出陣、庶民から徴発した軍夫を含めると一万人規模であったという。その一方で広島藩は、実際の戦闘を避け、長州藩主の謝罪で事態を収拾するよう薩摩藩に働きかけていて、薩摩藩では幕府軍総督参謀の西郷隆盛が事態の収拾に当たった。大坂で広島藩の石井修理と西郷が徳川慶勝にこの方針を提案し同意を得た。

▼第一次長州出兵
長州と幕府との抗争は、様々な呼び方があるが、本書では、戦闘がなかった第一次を「第一次長州出兵」と表記し、実際に戦闘が行われた第二次を「第二次長州出兵」及び「幕長戦争」と記す。

▼吉田支藩
これも広島「青山新田藩・吉田藩」（二〇〇頁参照）。

結局、総攻撃を控えた十一月初め、西郷と広島藩の辻将曹・植田乙次郎は、岩国で長州藩の代表吉川経幹《きっかわつねまさ》（岩国領主）と面会し、長州藩の三家老の処刑などを条件として、長州への攻撃中止を協議した。その結果、十一月十四日に広島の国泰寺で三家老の首実検が行われ、十八日からの攻撃の無期限中止の命が下った。

最終的に吉川経幹を広島に召喚し、総督徳川慶勝が、①藩主毛利敬親《もうりたかちか》自身の謝罪書を提出すること、②「七卿落ち」の公家で長州藩にいた五人を他藩に移すこと、③萩から政庁を移していた山口城を破却することを命じた。

草津・古江に出動していた広島藩は十一月二十二日に引き上げており、十二月から翌年一月初めに、諸藩から広島に集まった兵もそれぞれ帰国した。

ではこの第一次長州出兵は、領内にどのような影響をもたらしたのだろうか。

広島藩は禁門の変後、東城や小方に軍を配備し、広島城下を防衛するため城下近郊に関門を設置、警備兵を配置したり廿日市に砲台を設置したりして警備・防備を充実させた。さらに、城下警戒のため、旅行者は広島城下を通さず、海田市と廿日市の間を渡す船を設けたり、長州藩の人物の通行を禁じたりした。八月には、領内に、今後諸藩の軍勢が入り込むが領民に迷惑はかけないので動揺しないよう布達を出している。

しかしながら、これまでに経験したことがない人数の兵馬が広島藩内に入って滞在するという事態に、輸送（人馬や船の確保）や宿泊、物資の調達など、領民が

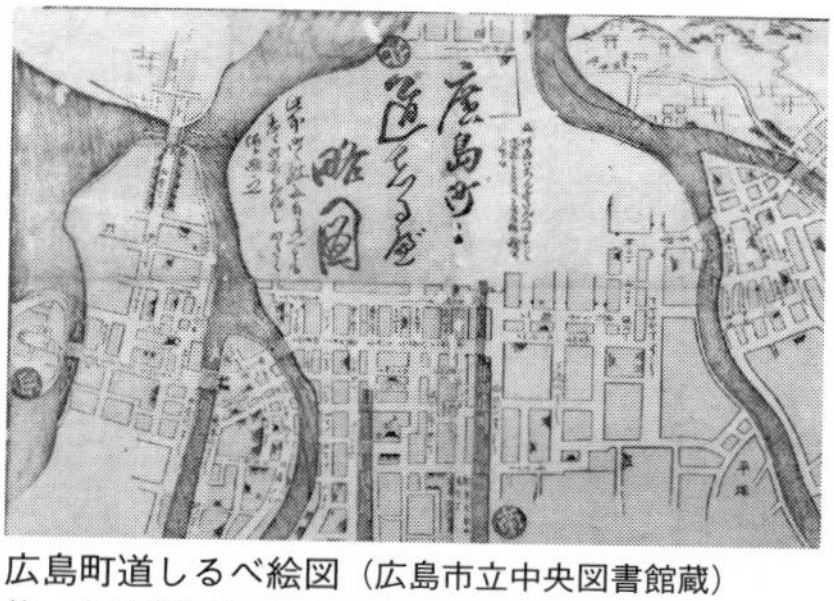

広島町道しるべ絵図（広島市立中央図書館蔵）
第一次長州出兵に際し、城下案内図として刊行された。

その対応を迫られることになった。例えば、宿泊をとってみると諸藩兵の宿割りや布団の準備、風呂の確保、食事の用意などが求められ、軍馬のエサ（馬草）も調達しなければならなかった。もちろん、諸藩が使用した人馬や宿代・食事代などは諸藩から支払われる建前ではあったが、実際には、広島周辺の安芸郡や賀茂郡などでは、領民は莫大な出費を強いられた。例えば賀茂郡では銀四〇〇貫余りと米九十六石の負担が報告されている。

その一方、広島城下では、消費が活発となり中小の商人も大きな利益を上げ、日雇いの雇用も増えて賃金収入が増えるなど、「お入り込み」と称されたこの度の諸藩兵の広島滞在で、市中の経済は戦争景気に沸いていたようだ。

# ③ 幕末の政局と広島藩②第二次長州出兵（幕長戦争）

戦争を回避した第一次長州出兵に対し、第二次長州出兵では実際に激しい戦闘が行われた。広島藩領にも長州藩軍が攻め入り、広島藩は民家に火を付けて長州軍の進攻を防ぐなど、具体的な被害が出た。領民たちも様々な形で負担を余儀なくされた。

## 第二次長州出兵（幕長戦争）までの経過と広島藩の動向

第一次長州出兵は、長州側が恭順の態度を示し幕府軍も撤兵して終結したが、その最中、長州藩では高杉晋作らの急進派（正義派）が決起し、二カ月の内戦を経て保守派（俗論派）から実権を奪うクーデターを起こしていた。藩の実権を握った正義派は、表面上は幕府に恭順の態度を示しながら軍事力を充実させる「武備恭順」を藩論として定め、一旦萩に戻された藩庁は再び山口に移された。

一方で、幕府内では、長州藩への措置が寛大すぎるという議論もあり、長州藩の恭順の示し方について幕府は長州藩と約一年にわたって交渉を重ねた。そして慶応二年（一八六六）正月に将軍家茂は上洛し、長州処分について勅許を得た。処分内容は①十万国の削減、②毛利敬親《たかちか》父子の蟄居、③三家老家の家名断絶など厳しいもので、正義派が実権を握る長州藩では到底受け入れられない内容であった。幕府は長州藩がこの処分に従わなければ長州藩を滅ぼすという強硬な姿勢であったため、軍事衝突は避けられない情勢となった。同じ頃、京では坂本龍馬らの仲介によって有名な薩長同盟が成立し、その中で長州藩と幕府が実際に戦闘状態になった場合、薩摩藩は幕府軍に参加しないことが約束された。

この事態に岡山藩、鳥取藩、徳島藩など中四国の大藩は一様に戦争回避を唱えていた。広島藩もまた、藩主長訓や辻将曹らが長州への再出兵に反対の立場から、再戦阻止と長州への寛大な処分を求めて、幕府への働きかけを強めた。しかし、老中小笠原長行《ながみち》（唐津藩世子）は、広島藩の行動を長州藩を庇護するものとしてとがめ、広島藩の年寄野村帯刀と年寄首座辻将曹を相次いで謹慎処分とした（一老中が藩主を通さずに直接他藩の藩士に処分を下すことは本来はあり得ず、この小笠原の処置はのちに問題となる）。このような状況の中、藩士有志が連名で、今回の長州への出兵は大義名分がなく藩として出兵辞退をすべきという建白書を提出するなど、藩内でも反長州出兵の雰囲気が高まっていた。幕府は六月五日に討ち入りを決定し、広島藩に岩国への進撃を命じたが、広島藩は国境まで兵は出すものの討ち入ることはしないことを伝えた（事実上の出兵拒否）。当初広島藩に先鋒を期待していた幕府は、その任を解き藩境の守備を命じるに留めた。

この間、広島藩では軍備の充実を図っている。慶応元年（一八六五）から翌年にかけライフル式のミニエー銃を買い入れ、この時期、薩摩藩のほかイギリス商人からも蒸気船を購入した。その上で軍隊を改編し、四六隊一六〇〇人余りから成る銃隊を組織した。その中核は足軽であった。

## 芸州口の戦いと庶民

第二次長州出兵（幕長戦争）は、長州藩では四境戦争★とも呼ばれるとおり、長州藩の四つの国境《くにざかい》で戦闘が展開された。

このうち芸州口では長州藩に対する攻撃の中核として彦根藩（井伊家）・越後高田藩（榊原家）などが配属された。戦闘は六月十四日から始まり、長州藩優勢で推移した。彦根・高田両藩は敗走しながらも精鋭の幕府歩兵軍が大量に投入されて、長州藩の進攻をかろうじて防いでいた有様であった。

その後、幕府軍が撤退すると、長州軍が周防と安芸の国境《くにざかい》の小瀬川《おぜ》（木野川）を渡って広島藩領内に攻め入ってくる事態となり、広島藩側は廿日市《はつかいち》の民家を焼き払って長州軍の通行を阻止した。停戦までの間に広島藩領では、大竹から廿日市までの山陽道沿いの集落で、合計二〇〇〇世帯を超える家が火災の被害を受けており、被災民は一万人を超えたとみられる。彼らは家や家財を火災で失っただけでなく、米や金銭も略奪され農作物も荒らされるなどの被害にあっていた。

**▼四境戦争**
九州方面の小倉（こくら）口、山陰方面の石州口、周防（すおう）大島を巡る大島口と、大竹から岩国に攻め入る芸州口の四カ所。

**残念さん（廿日市市大野町）**
芸州口の戦いで戦死した宮津藩士の墓。

前回の第一次長州出兵の際にも戦闘がなかったとはいえ、領内の人々は様々な負担を強いられたが、今回はそれに加えて実際に戦闘が行われ、庶民の生活の場が戦場となったり、広島藩が起こした火災に巻き込まれたりといった被害が及んだ。そのほか、領民が人夫として戦場にかり出されており、村から人夫を選ぶ様子や戦地での彼らの心情を伝えるリアルな記録が残されている

西国街道沿いで幕府軍・諸藩軍の宿泊地になった賀茂郡では、四八〇〇〇人が通行、宿泊したが、代金はほとんど未払いで軍用夫や人馬の継ぎ立てなどの負担が大きく、地元が疲弊しているとして、藩に宿泊等の支払いを嘆願した文書が残る。また、広島藩は、出兵を拒否したが、開戦後に街道警備のため各郡から農兵を集めていた。長州軍が領内に進攻してきたため、藩は抗戦を決意し農兵にも前線での任務に当たらせていたが、世羅郡から広島に農兵として招集されていた男が、交代要員が来ないので取り計らって欲しいと世羅郡の極楽寺住職に懇願する手紙もあり、この手紙からは、長州軍に対する恐怖心がひしひしと伝わる。

賀茂郡でも軍用夫が徴用されたが、順番はくじ引きで決められた。一人ひとりの事情に配慮して、村から、不在の間の家族の世話についての具体的な約束が記録に残っている。例えば、病気の母を持ち生活が苦しい者には、村からの米の支給や、近隣や講中が農業を手伝うことを約束している。これらは、ほんの一端であり、この動乱が多くの人々に困難をもたらしたことが推測される。

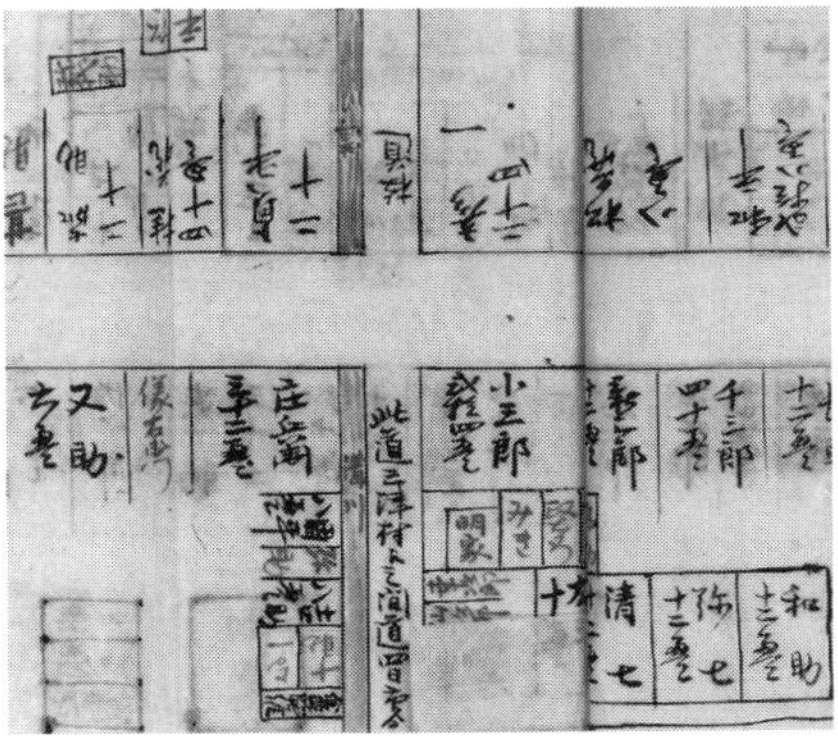

賀茂郡往還筋引捨絵図（四日市の町並）
（竹内家文書　広島県立文書館蔵・写真提供）
各家の畳の数が明記してある。

幕長戦争に従軍した際の賀茂郡吉川村の幟
（竹内家文書　広島県立文書館蔵・写真提供）

## 宮島会談と休戦

芸州口での敗走だけでなく、幕府軍は石州口、小倉口などでも苦戦を強いられた。とりわけ長州処分に強硬な態度をとっていた老中小笠原長行が指揮していた小倉口では、小倉藩側が城に火を付け退却するという有様であった。このような情勢の中、広島藩や岡山藩などは朝廷・幕府に対して解兵の建議を行った。

そして、七月二十日に二十一歳の将軍家茂が大坂城中で病死すると、幕府は八月二十日になって将軍家茂の喪を発表し、翌二十一日に休戦の御沙汰書が出された。徳川慶喜《よしのぶ》は将軍職には就かないまま徳川宗家を継ぎ、軍艦奉行勝海舟を交渉役として広島に派遣した。海舟は長州側と会見できるように広島藩に仲介を依頼し、辻将曹、植田乙次郎に伴われて宮島の大願寺で九月二日に長州藩代表の広沢真臣《さねおみ》★や井上馨らと休戦会談を行った（宮島会談）。

海舟から示された休戦の提案は、①幕府は従来の失態を反省し幕政の改革を断行すること、②諸侯の会議によって長州処分を決定すること、③幕府軍は撤退するが長州藩はこれを追撃しないこと、であった。この会談後、幕府軍は広島を離れ、幕長戦争は実質的に幕府の敗北によって終結した。のちに海舟は、宮島には殺気だった長州藩士が多く、生きて帰れないことも覚悟したと回顧している。

▼広沢真臣
一八三三〜一八七一。幕末の長州藩士で、真臣は通称。維新政府でも参議などで活躍したが、暗殺された。

# ④ 大政奉還と戊辰戦争

幕長戦争後、行き詰まりを見せた徳川幕府に代わる新たな政権が模索された。広島藩は、土佐藩が提唱する将軍慶喜の大政奉還に賛同しつつも、長州藩と薩摩藩による武力討幕にも協力の姿勢を示し、両者の間で揺れながら、江戸時代の最終局面を迎えることになった。

## その後の政局と広島藩

領内全体が人的・物資的に負担を強いられ、廿日市以西では戦闘に伴う大きな被害が出た幕長戦争の終結後、藩では軍制改革が急務とされた。

その頃、藩士木原秀三郎が「実用之精兵」の養成による新たな軍隊の必要性を建議した。この軍隊は、家臣や子弟、庶民などから成るもので、慶応三年（一八六七）に実現し「神機隊《しんきたい》」と名付けられた。神機隊は本拠地を賀茂郡志和《しわ》の西蓮《さいれん》寺《じ》とした。その後、家臣で構成された発機隊も結成され、さらに藩内に十数隊が結成されたという。これらの諸隊はこの後の戊辰戦争で活躍することになる。

一方、終戦後の慶応二年八月末に藩は、国是（藩の方針）を記した「定方要旨」を策定、この後藩が目指す日本の国家構想を藩士に示した。理論的に整理さ

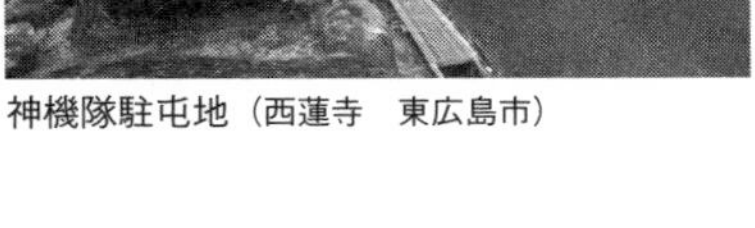

神機隊駐屯地（西蓮寺　東広島市）

れたものではないが、幕府に対して徹底した自己批判と私心を捨てた政治改革を要求した上で公武合体を目指す内容であった。朝廷を国政の執行権を持たない上級権力として位置付け、幕府は国政の執行機関で、広島藩を含む諸侯が国政にも参加するという、いわゆる公議政体論といわれるものであった。

ところで幕府では徳川慶喜が慶応二年末に将軍に就任し、改革を進めた。そしてその翌年に国政は新たな展開を迎える。当時の国政上の大きな問題は、外交面では兵庫開港問題★、内政面では長州処分問題であった。これらを議論するために、将軍慶喜と島津《しまづ》久光《ひさみつ》や山内容堂（豊信）、松平春嶽（慶永）、伊達宗城の有力諸侯が参加した諸侯会議が京で開催された。この諸侯会議は新たな国政運営の枠組みとして期待されたが、慶喜は諸侯の意見を容れず、兵庫開港については慶喜の専断で勅許を得るという行動に出た。これにより薩摩藩は幕府との協調路線を放棄し、武力討幕路線に舵を切った。一方、土佐藩では板垣退助《いたがきたいすけ》ら武力討幕を模索する勢力と後藤《ごとう》象二郎《しょうじろう》ら大政奉還を目指す勢力がそれぞれ活動を活発化させた。広島藩は、これら二つの大きな流れの中に巻き込まれていく。

▼兵庫開港問題
日米修好通商条約などで開港が定められた兵庫は、朝廷の強い反対のため、勅許が下りず、開港が延期されていたが、諸外国と取り決めた開港日が慶応三年十二月七日に迫っていた。幕府は期日までに勅許を得る必要があった。

## 武力討幕と大政奉還の間で

数カ月後に大政奉還、さらに続けて王政復古のクーデター、鳥羽伏見の戦いと、事態が大きく動く直前の慶応三年（一八六六）五月以降、薩摩、土佐、長州の各藩は、上方やそれぞれの地元などで来るべき事態への準備を進めていた。そして広島藩もこれら諸藩と相次いで会談し、藩の進むべき道を定めようとしていた。

六月二十二日、後藤象二郎ら土佐藩首脳と、薩摩藩の西郷隆盛、大久保利通らが坂本龍馬と中岡慎太郎の立会いのもと「薩土盟約」に合意した。これは、慶喜にまず大政奉還の建白を行い、不受理の場合は武力討幕に移行するという二段階の構想で、土佐藩は前者、薩摩藩は後者に意義を見いだしていた。その四日後、後藤象二郎と広島藩世子長勲・辻将曹が会談し、後藤のすすめで広島藩も土佐藩が主導する大政奉還路線に参加することになった。また、最近の研究で、この時に薩土盟約とほぼ同内容の「土芸盟約」が締結されたことが明らかにされた。

一方の武力討幕を推進する薩摩藩は、土佐藩が約束の九月九日に兵を上京させなかったため（薩土盟約の解消）、独自の出兵を模索した。そこで、大久保利通は広島藩に出兵を期待し、京にいる辻将曹に接近した。九月十九日には薩長両藩兵が京に出兵する同盟が締結され、二日後の二十一日、長州に赴いた植田乙次郎が木戸孝允ら長州藩の要人と協議し、長州藩と広島藩との間に出兵同盟が結ばれた（薩長芸三藩同盟の成立）。

長州藩との同盟の要点は、広島藩の艦船が御手洗で薩長両藩の艦船を待って兵を東上させるというもので、広島藩は、これにより武力討幕路線にも具体的に関与した。十月八日に、京で長州の広沢真臣、品川弥二郎《しながわやじろう》★、薩摩の小松帯刀《こまったてわき》★、西郷、大久保、広島の辻と植田が会談し、三藩が連名して挙兵することを議決した。

広島藩も薩長とともに武力討幕路線で進む方向で事態が進展する一方、広島藩の中心的な存在であった辻が、上京途中の後藤象二郎と大坂で会談して、九月二十四日には大政奉還建白に同調する旨を表明している。これは、辻の変心といわれる。辻は、十月三日に大坂から広島の藩庁へ、京の形勢が一変したことを伝え、三藩の兵の東上期日を延期するように請うている。しかし依然として藩庁は武力討幕路線であった。十月三日に後藤は大政奉還を建白し、辻将曹はそれに続こうと六日に藩主浅野長訓の名で幕府に対し大政奉還を建白した。慶喜は十月十三日に二条城で大政奉還の決意を表明、翌日に大政奉還を行った。

そのような動きに対抗して、武力討幕路線でも、討幕の密勅が十三日に薩摩藩、十四日に長州藩に下った。しかしながら、広島藩には密勅は下されなかった。密勅に関わった中心人物の岩倉具視が、あいまいな態度をとる広島藩を除外したといわれている。その後、十一月十七日に薩摩藩の兵が長州藩の三田尻に到着、長州藩と協議を行った後に、さらに東を目指した。二十一日に、長州藩の広沢真臣が広島藩の植田乙次郎・石井修理と面会、協議した。長州藩の船は二十五日夜に三田尻を出発、翌二十六日夕方、御手洗で広島藩と合流し、今後の兵の進め方を定めた（御手洗の旧金子邸で会議が行われたので「御手洗条約」と呼ぶ）。その日の夜

▼品川弥二郎
一八四三―一九〇〇。長州藩出身の、幕末から明治前期の政治家。明治二十五年（一八九二）、第二回総選挙の時、内務大臣であり選挙干渉を強行したことでも知られる。

▼小松帯刀
一八三五―一八七〇。幕末の薩摩藩士。大久保利通とともに幕末薩摩藩を主導し、文久二年（一八六二）には家老に昇進。京では薩摩藩の代表として活動した。

に広島藩の震天丸《しんてんまる》が先導し東上、二十九日に長州藩の艦船は広島藩の万年丸に誘導され、西宮付近に到着した。

以上が、大政奉還前後から王政復古のクーデター直前までの経過であるが、広島藩は、幕末政治史のクライマックスのところで、その舞台に立っていたにもかかわらず、明確な方針が立てられず主体的な決断ができなかった。このような行動から、幕末の広島藩は日和見《ひよりみ》主義といわれている。

その原因のひとつには、列強との戦争を経験することでよりいっそう危機意識を強く持った長州藩や薩摩藩に比べ、広島藩は新たな政権の具体的なイメージを持ち得なかったことが指摘されている。また薩長土肥の諸藩に比べ、軍備を十分に整備することができなかったことが、政治的な決断を鈍らせたという指摘もある。薩摩藩や長州藩などが天保期（一八三〇―一八四四）に西南雄藩として藩の強化を遂げた背景には、財政の立て直しに成功していたことが挙げられるが、広島藩は対照的にそれまで順調であった財政が天保期に一気に大きな負債を抱えることになった。そこから経済とともに政治も停滞し改革が進まず、改革の断行は長訓の藩主就任を待たなければならなかった。その点でも広島藩は、薩長などに比べて一歩も二歩も遅れを取っていたといえるかも知れない。

さらに、広島藩では、西洋の軍事学などの実用的な洋学が必ずしも盛んでなかったことも背景にあるとの指摘もある。装備だけで近代的な軍隊ができるという

**御手洗・旧金子家住宅**（呉市豊町）
ここで「御手洗条約」が結ばれた。

わけではなかった。幕長戦争で長州藩が勝利できた重要な要因として、戦術の研究や西洋的な軍事訓練があったことが近年明らかにされたが、広島藩はその点でも大きく遅れていた。そのような「弱み」が広島藩をいっそう消極的にさせたのかも知れない。安政三年（一八五六）段階の改革が不徹底で、改革派が政権を掌握するのに五年を要したことは、その点でも大きな意味を持ったと思われる。

## 王政復古のクーデターと戊辰戦争

十二月八日に王政復古のクーデターが起こり、制度としての幕府は否定された。それを決めた小御所《こごしょ》会議に広島藩も参加していた。会議の最大の案件は徳川慶喜と徳川家への処分であった。薩摩藩と広島藩は辞官納地、すなわち官位の剝奪と領地の返納を主張した。土佐藩の山内容堂は最後までこれに反対したが、最終的に広島藩の世子浅野長勲の説得で激論が収束したという。

なお、この会議で新政権の中枢を担う三職（総裁・議定・参与）が設定され、人事が示されたが、広島藩からは議定に浅野長勲、参与に辻ら広島藩士三人が就任した。当初は新政府の中枢の一角にいた広島藩だが、その後いわゆる薩長土肥の藩閥政府が形成される中で、次第に中枢の人事から外れていくことになる。

慶応四年（一八六八）一月三日、小御所会議の決定に対抗し、徳川慶喜の旧幕府軍及び慶喜とともに京で幕府主導の公武合体を支えた会津藩・桑名藩兵が、京に向けて進撃した。夕方、京の郊外で朝廷を担ぐ薩摩・長州軍との間で戦闘状態となり、薩長の軍は旧幕府軍を敗走させた（鳥羽《とば》・伏見の戦い）。この結果、朝廷に弓を引いたとされた慶喜らは「朝敵」となった。戊辰戦争の始まりである。

この戦闘を受けて、三日の夜、広島藩に朝命が下り、広島藩は辻将曹の実弟岸九兵衛が主導する四〇〇人の兵で、伏見の北端の勧進橋《かんじん》（銭取橋《ぜにとり》）付近に出動した。広島藩兵は伏見に到着したものの、戦線よりかなり北で、広島藩兵はその後の鳥羽・伏見の戦いの中の諸戦闘でも参戦が遅れ消極的であった。山内容堂からの参戦禁止の命がありながら、前線部隊の判断で参戦した土佐藩の戦いぶりと対照的で、この辺りに土佐藩との軍事力・状況判断力の差が出ているともいえる。武力討幕か大政奉還かで揺れ、「日和見」と評された広島藩は、その名誉を挽回する千載一遇の機会を逸し、その後の立場を決定付けた。この後、新政府では薩・長・芸三藩ではなく薩・長・土の貢献度が評価されることとなった。

三月の江戸無血開城とそれに続く上野戦争以降、戦場は反新政府を掲げた東北諸藩に移り、最後に箱館戦争で榎本武揚《えのもとたけあき》らが降伏して内戦は終結した。その間、広島藩も新政府軍の一翼として、各地に軍を派遣した。その一方で、幕領（天領）であった備後国の上下、備中国の笠岡、玉島の鎮撫《ちんぶ》を行っている。また長州藩とともに尾道から大坂に向かう途中、譜代の福山藩、姫路藩、龍野《たつの》藩などを新政府に帰順させた。福山城では、実際に戦闘も行われた。

戊辰戦争での広島藩についてごく簡単にみておくと、広島藩兵は北陸、東北、北関東に出陣した。幕末の改革で編成された藩士からなる応変隊や足軽の銃隊、庶民が主力となった神機隊などの諸隊が、会津戦争や仙台藩との交戦で奮闘し、各地を転戦している。広島藩の記録では、戊辰戦争出兵総数は二二七二人、うち死者が七八人、負傷者一一八人であった。死者の中には、広島護国神社の筆頭祭神として知られている神機隊士高《たか》間《ま》省《しょう》三《ぞう》もいた。

さらに、藩が保有する汽船も戊辰戦争に出動した。万年号と達観《たっかん》号は奥州方面に、豊安号は蝦夷地海域に出動したが、万年号は暴風で沈没している。戊辰戦争への従軍は、藩にとって人的にも経済的にも莫大な損失を伴うものであった。

⑤

# 明治維新と広島藩

広島藩は、新政府樹立に貢献しながらも、その後の新政権で十分な影響力を行使する立場に立てなかった。そして版籍奉還、廃藩置県と続く大きな改革によって、広島藩は終焉を迎えた。そこに待っていたのは、新政府による処分と、民衆の一揆であった。

## 最後の藩主と版籍奉還

明治二年（一八六九）正月、長訓《ながみち》の隠居を受け、長勲《ながこと》が藩主となった。長勲は長訓の実弟の子で、長訓が茂長と名乗っていた青山新田藩主時代に養子となり、安政五年（一八五八）に長訓が広島本藩を継ぐと青山新田藩主に就任した。そして文久二年（一八六二）に本藩藩主長訓の養子となり、世子の立場から藩主の名代として、幕末の動乱の中で藩政をリードした人物であった。

薩長土肥四藩主が版籍奉還を建白したのは、藩主となってすぐのことで、長勲もそれに続いた。六月、新政府は版籍奉還を受理し、藩主を順次知藩事に命じた。広島藩でも長勲が知藩事に任命され、引き続き旧領の統治を任された。長勲の藩主在任期間は半年足らずであったことになる。

藩主ではないとはいえ長勲は知藩事として藩政の改革に着手し、藩の行政や軍制の再編、財政の整理を行った。この軍制再編で、明治二年末までに神機隊など諸隊は解散となっている。藩の正規軍は明治元年十月以来イギリス式訓練を行っていたが、諸藩の陸軍編成はフランス式で行うべきであるという政府からの布告を受けて、明治三年十月にフランス式の訓練に切り替えた。明治政府の調査によると、広島藩の兵力は兵が四二〇〇人、カノン砲一五台（火薬と弾丸二〇〇〇発）、小銃四二〇〇丁（同一二〇万発）、軍艦一隻（摂津号）などとなっている。幕長戦争や戊辰戦争を経て、軍備を充実させてきた様子がうかがえるが、同時にこのことが藩財政を悪化させた原因であったことも容易に想像される。

藩にとって大きな課題は、財政の整理であった。国内外からの借財（藩債）の整理と、乱発した藩札の処分、さらには藩が行った贋金《にせがね》作りの後始末である。

明治政府に報告した広島藩の負債は、三七四万二二九〇両、このうち三五万両が欧米の商人からの借入であったという。ペリーが来航した嘉永六年（一八五三）頃には借財は七二万両弱であったので、激動の十数年を経たのち軍備は充実した一方で、借財も五倍以上に膨れ上がっていた。

これらの藩債は当時の藩の全収入の三倍に当たる額であり、知藩事や藩士の家禄・職禄などを削減して返済に当たったが、返済しきれるものではなく、結局廃藩置県を迎えて藩債は新政府に引き継がれた。

また幕末期以降、藩札も乱発しており、その額は約一八万貫であったという。これだけで先に見た嘉永六年の藩債の額を上回る金額であった。例えば諸隊解散の際、二〇〇〇人を超える隊員に一人当たり五四〇匁（金で二両半ほど）を与えている。慰労金のような性格のものと思われるが、銀貨ではなく藩札が配られたにすぎない。このように明治になっても藩内の支払いは藩札が当然となっていた。この藩札も広島藩では処分できず、結局新政府が肩代わりした。

藩札と並び問題となっていたのが、維新期に広島藩で製造されていた贋金である。これは広島藩に限ったことではなく、当時多くの藩が行っていた。広島藩の贋金作りは、慶応四年（＝明治元、一八六八）三月から一年間と明治二年五月から半年余りの二時期に行われた。さらに明治三年五月に製造した金札もあったという。新政府は諸藩の贋金作りに対して、明治二年五月以前のものは赦免する方針を示したが、広島藩はそれ以後も行っており、その罪を問われた。藩の首脳や元家老が拘留され取調べを受け、長勲自身も謹慎するという事態を招いた。判決が出たのは廃藩後で、判決そのものは比較的軽い刑罰であったが、廃藩という大きな局面を後味の悪い形で迎えることとなった。

これも広島

# 青山新田藩・吉田支藩

西国大藩の藩主広島浅野家が跡継ぎ不在で御家断絶となるのを防ぐため、幕府の指示によって三次藩が立藩されたものの、すでに第二章で見たように、財政難を抱える中で享保五年（一七二〇）、三次藩領は広島の本藩領に組み込まれた。支藩による本藩の補佐の試みは失敗に終わったが、一方で、本藩の安定的な相続のために備えておくという課題は、そのまま残っていた。三次藩成立時には存在した赤穂浅野藩が断絶したことで、支藩の重要性はむしろ増していたといえるかも知れない。

享保十五年、新たに支藩を設置したが今回は、領地を分与した独立した支藩ではなく、藩の蔵米から三万石を支給される「内分証家」の体裁をとった。当時の広島藩主吉長の弟長賢が初代藩主となった。江戸の青山隠田に屋敷を構えたことから、青山浅野家、青山内分証家とも呼ばれる。家臣は浅野本藩から派遣された。

ちょうどこの頃、幕府は、将軍家の相続安定化のために清水家などを創設したのをはじめ、大藩でも同様の新田分知が行われており、青山新田藩もこのような動きと軌を一にしている。なお、三次藩と異なり青山新田藩主は、幕府から正式な大名として

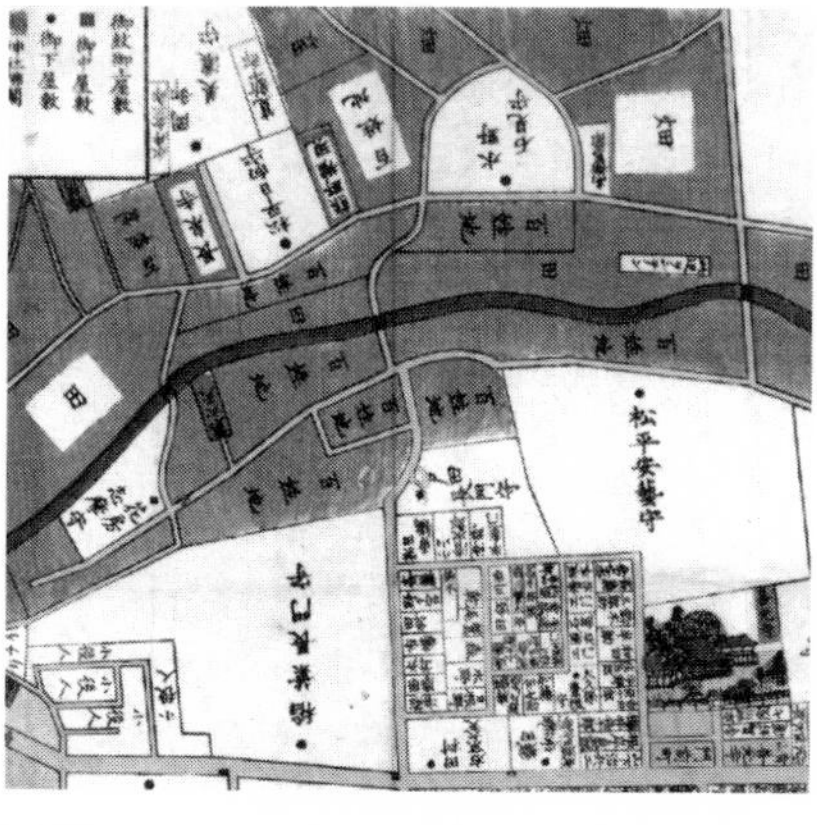

図の右下「松平安芸守」の場所（広島藩下屋敷）が青山新田藩の屋敷。「青山絵図」より（守屋壽コレクション
広島県立歴史博物館蔵・写真提供）

## 青山新田藩浅野家略系図

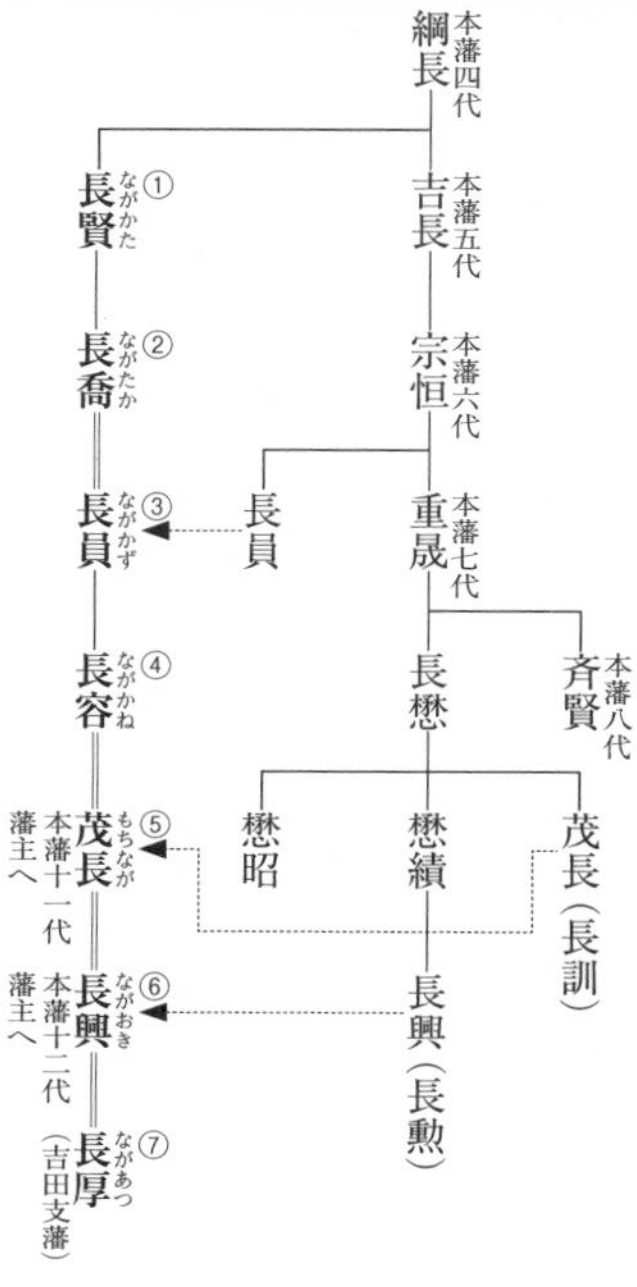

認められていない。

歴代の藩主は、初代長賢の子孫で受け継がれたのではなく、本藩藩主の子を養子として迎えることもあった。五代新田藩主茂《もち》長《なが》は、本藩八代藩主斉賢《なりかた》の弟長懋《ながとし》の子で、茂長が本藩藩主を継いだ跡の新田藩主は、茂長の弟の子長興《ながおき》が、その長興が本藩藩主長訓の世子となり本藩に移ると、その跡は長訓の別の弟の子、長厚《ながあつ》が藩主となった。

青山新田藩は本藩藩主を二名輩出しており藩設立の目的をしっかりと果たしていた。

幕末の動乱の最中の文久二年（一八六二）末に最後の藩主となった長厚は、翌文久三年、混乱する政治情勢の中、本藩を支えるために広島藩に移ることになった。本拠は吉田に定められた（吉田支藩）。

土生玄碩寄進石灯籠
（元就墓所・安芸高田市吉田町）

吉田には、吉田郡山城跡の麓、現在の県立吉田高校の地に、政庁と藩主家族の住居を兼ねた吉田御本館が急遽建設された。拠点を吉田に定めたのは、北からの尊攘過激派に対する備えと、長州藩毛利家や長州藩士の故地として特別な地であった吉田に浅野家の拠点を置くことで、長州藩にシンパシーを抱く吉田の人々の歓心を買うねらいがあったという指摘もある。実際、吉田出身の医師土生玄碩《はぶげんせき》は、毛利元就の墓所に石灯籠を寄進している。

この後、広島が幕長戦争の重要な舞台となり、また広島藩も幕末の政局のもとで難しい舵取りを迫られる中、吉田支藩は、文字どおり本藩を支える存在となったが、実際の領知を持っていなかったため、明治二年（一八六九）の版籍奉還によって消滅し、藩主は吉田を離れ、広島に移住した。

御本館も明治半ばには解体されたが、その建物の遺構が安芸高田市内に残っており、往時を偲ばせている。

なお、この吉田支藩に重臣として仕えた人物に絵師でもあった小島雪嶠《こじませっそう》がいる。彼は、まだ青山新田藩として江戸にあった天保十四年（一八四三）に松前藩所蔵のアイヌの酋長たちを描いた「夷酋列像《いしゅうれつぞう》」の模写を行っていることで知られる。

「夷酋列像」のオリジナルは、寛政年間（一七八九～一八〇一）に、のちに松前藩家老となる蠣崎波響《かきざきはきょう》が描いた作品として名高い。雪嶠は、吉田在住の明治三年にも「夷酋列像」のうちの「ツキノエ」を再度描いており、現在も地元に伝わっている。雪嶠は明治十一年に七十二歳で亡くなるまで吉田に居住し、地元に多くの作品を遺した。

吉田御本館遺構の門
（教徳寺・安芸高田市甲田町）

# 広島藩の終焉——廃藩置県と武一騒動

新政府は明治四年（一八七一）七月に廃藩置県を断行した。これまでの地方分権を改め、中央集権国家に転換するという一大改革であった。広島藩の領域は広島県となり、県庁は広島城に置かれた。これに伴い藩知事の任を解かれた長勲《ながこと》は東京居住を命じられ、長訓《ながみち》も広島を離れることになった。八月初めに長訓夫妻一行が城下水主《かこ》町の乗船場に向かうために広島城を出発する際、諸郡から集まった数千人の民衆が道をふさいだ。彼らはその後、城下で豪商や県の上層部の役宅などの打ちこわしを行う一揆となった。そして、騒動は県内各地に波及し、大一揆に発展した。県は、兵力をもって鎮圧に当たり、多くの死者を出した。最終的に八月末にほぼ沈静化したが、県による最終的な逮捕者は五七三人にのぼり、首謀者と目された山県郡有田村の武一ら九人は死罪となった。この一揆は指導者の名前をとって「武一騒動」と呼ばれる。

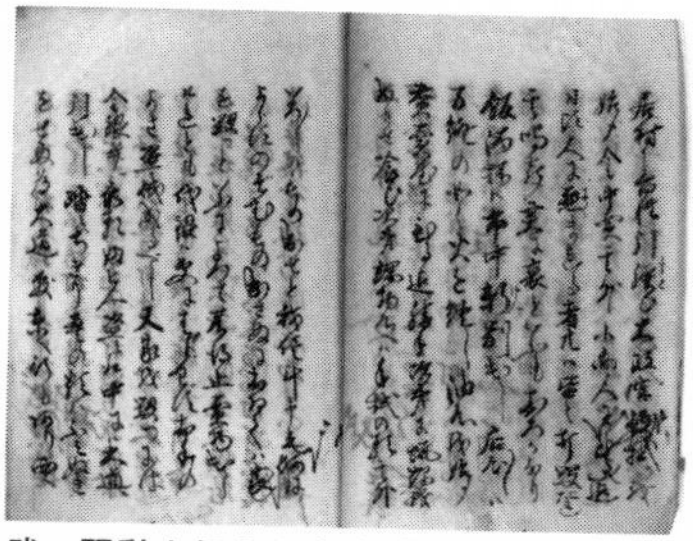

武一騒動を伝える文書「広島騒動聞書」
（海宝寺文書　広島県立文書館寄託・写真提供）

打ちこわしの対象となったのは旧藩権力のもとで営利を得ていた豪農や豪商らであった。また一揆の要求は、旧領主の県知事留任、つまり旧藩主の引き留めであった。その背景には、単に殿様との離別を惜しむだけでなく、これまでの領主との約束（献金等に対する見返りなど）がご破算になることを恐れたものと思われる。また、新政府への反発も小さくなかった。こうした殿様引き留めの全県的な一揆は全国でも初めてで、この後、周辺の諸県にも波及するなど全国的にも大きな影響を与えた。武一騒動の結果、中央から任命された県庁の中枢は総退陣となり、新たな陣容で再出発することを余儀なくされた。広島藩の終焉はこのような混乱を伴うものであった。

浅野氏を藩主とする広島藩の表高は四十二万石であるが、開墾や干拓による農地の拡大、産業振興などにより、最終的には実質その三〜四倍の生産力があったともいわれる。江戸時代中期以降、検地が行われなかったため年貢高はほぼ変わらず、生産された富は民間に蓄積されたという。そのような民力をもってこの地域は本格的な近代を迎えることになる。

なお、廃藩置県当時は三府三〇二県であったが、数年をかけて整理・統合された。その中で明治九年四月に備後六郡が岡山県から広島県に移管され、安芸・備後二国を県域とする広島県が成立して、現在に至っている。この地域がひとつの行政単位としてまとまったのは、福島正則が広島を去った元和五年（一六一九）以来であった。

# あとがき

令和元年（二〇一九）は浅野氏入封四〇〇年の年で、近世広島について関心が高まり、講演会や展示会などのイベントが相次いだ。その前年の春、本シリーズ福山藩の著者でもある福山市立大学の八幡浩二先生から執筆の打診があった。広島藩の歴史は、すでに『広島県史』や土井作治先生の『広島藩』に詳細に述べられている。謙遜ではなく浅学の小輩には力量不足なのも明白であったが、企画者の現代書館菊地泰博社長から、研究書ではなく学芸員の視点で学生や一般向けの入門書を、とのお話をいただき、筆者自身、ふるさとの近世史を学び直す機会として厚かましくもお請けした次第であった。

実際、本書は、先述の二書を基に、巻末の参考文献に記した県内博物館施設や県立文書館の展示図録等を参考に構成している。幕末の政治過程は三宅紹宣先生の御著作にもよった。本書の性格上、逐一出典の明示はしていないが、この点は御容赦頂きたい。

ところで、「歴史は現代との対話である」という。やや大げさかもしれないが、脱稿して改めてこの「藩物語」は現代の地域の課題に向き合えているのかと自問する。

二〇一一年の東日本大震災や、二〇一八年の西日本豪雨災害など毎年のように災害が頻発する中、災害史が注目を集めている。また、今年はコロナ禍の真っ只中にあるが江戸時代にはコレラ等が流行した。感染症の歴史も注目されるところではあるが、本書では災害の復興に尽くした人の物語も、流行病の中の不安にかられる人々の物語も出てこない。一方、社会の仕組みや慣習に目を向けると、江戸時代には、多くの理不尽が存在した。とくに被差別部落問題は、二〇一六年、国会で通称「部落差別解消推進法」が制定された事実をみても明白なように、現代の日本社会に存在する未解決の人権問題のひとつであるが、本書では社会に存在した理不尽の中で生きた多くの人々についての物語もほとんど触れられていない。いずれも筆者の勉強不足と乏しい筆力の所以である。そのほか、広島藩全域をまんべんなくは紹介できず、沿岸地域のエピソードに偏ってしまった感は否めない。この点もお赦しいただきたい。

とはいえ広島藩についての大まかなアウトラインは自分なりにトレースしたつもりでいる。もし、広島の近世についての手軽な入門書として本書を利用していただけるのであれば、また、本書によって広島藩や近世の当地域に少しでも関心を深めていただけるのであれば、望外の喜びである。

末筆ではあるが、本書執筆の機会を与えていただいた株式会社現代書館の菊地泰博社長、編集の労を取っていただいた加唐亜紀氏、八幡浩二氏をはじめ、御協力、御支援をいただいた多くの皆様に衷心よりお礼を申し上げたい。

二〇二一年四月

## 参考及び引用文献

《刊行図書》

橘南谿著　宗政五十緒校注『東西遊記』㈡　東洋文庫二四九　平凡社　一九七四年
『広島県史』民俗編・近世1・近世2・近代1　一九七八〜一九八四年
『広島県の地名』(日本歴史地名大系)平凡社　一九八二年
『熊野町史』通史編　一九八七年
池田明子『頼山陽と平田玉蘊』亜紀書房　一九九六年
『新版　角川日本史辞典』角川書店　一九九七年
頼祺一監修『広島藩・朝鮮通信使来聘記』呉市入船山記念館　一九九〇年
土井作治監修『図説　備北・安芸吉田の歴史』郷土出版社　二〇〇〇年
同『図説　広島市の歴史』二〇〇一年
同『図説　廿日市・大竹・厳島の歴史』二〇〇一年
同『図説　東広島・竹原・呉の歴史』二〇〇一年
岸田裕之編『広島県の歴史』山川出版社　二〇一二年
広島市教育委員会文化課『広島市の文化財』一九九五年
東広島市教育委員会『東広島市の文化財』二〇〇〇年
田能村竹田「屠赤瑣々録」『大分先哲叢書　田能村竹田資料集』大分県教育委員会　一九九二年
木崎好尚『頼杏坪先生年譜』山陽会　一九三三年
定宗一宏編『郷土史事典　広島県』昌平社　一九八一年
佐久間達夫校訂『伊能忠敬測量日記』第二巻　大空社　一九九八年
福尾猛市郎他『福島正則　最後の戦国武将』中公新書　一九九九年
松井輝昭他編『広島県の不思議事典』新人物往来社　二〇〇四年
中山富広『近世の経済発展と地方社会〜芸備地方の都市と農村〜』清文堂　二〇〇五年
頼祺一編『広島・福山と山陽道』吉川弘文館　二〇〇六年
三宅紹宣『幕長戦争』吉川弘文館　二〇一三年
土井作治『広島藩』吉川弘文館　二〇一五年
『芸備の人物　芸備地方史研究三〇〇号』芸備地方史研究会　二〇一六年
福田千鶴『城割の作法』吉川弘文館　二〇二〇年

《展示会図録・パンフレット類》

呉市入船山記念館『館報　入船山』第七号」一九九五年
広島県教育委員会『広島県民家緊急調査報告書　広島県の民家』一九七八年
広島市郷土資料館『太田川の舟運』一九八七年
同『広島市における苧間の製造と民俗』一九八七年
同『山まゆ織り』一九八八年
同『広島市における針づくりとその技術』一九九〇年
同『広島における綿づくりとその技術』一九九一年
同『広島の養蚕業の歴史と技術』一九九二年
同『和傘づくり』一九九三年
同『対馬に渡った広島人』二〇〇一年
同『広島の酒造史』二〇〇二年
同『ひろしま近代医療のあけぼの』二〇〇六年
広島県立文書館『近世芸備地方史の地誌』二〇一一年
同『激動の時代　幕末維新の広島と古文書』二〇一一年
同『広島藩における民衆教化と孝子奇特者褒賞』二〇一一年
公益財団法人広島市文化財団　広島城『資料解説書　ふらっとり　広島城下絵屏風』二〇一六年
同『資料解説書　広島城』二〇一七年
同「江戸屋敷・大坂蔵屋敷」二〇一九年
広島市文化振興課「浅野氏広島城入城四〇〇年記念リーフレット」第一〜六巻　二〇一八―二〇二〇
安芸高田市歴史民俗博物館『幕末　広島吉田支藩と御本館』二〇一四年
広島県立歴史博物館『平田玉蘊　頼山陽を愛した女流画人』二〇一五年
同『戦国の争乱から泰平の世へ』二〇一九年
東広島市史教育委員会「阿岐のまほろば」vol.1 18・22・28　二〇〇〇〜二〇〇三年

《論文》

久保田啓一「広島藩の文芸と藩儒寺田臨川(上)」『語文研究　一一二号』九州大学国語国文学会　二〇一一年
三宅紹宣「幕末維新期広島藩の政治過程」『芸備地方史研究　三一三号』二〇一九年
石川良枝、地主智彦「江戸時代中・後期における広島藩の杉原紙・諸口紙・半紙について」『同第二十二号』二〇二〇年

《発掘調査報告書等》

広島県教育委員会『広島県中世城館遺跡総合調査報告書』第1〜4集　一九九三〜一九九六年
(財)広島県埋蔵文化財調査センター『廿日市町屋跡』一九九九年
同『寺尾遺跡』二〇〇二年
公益財団法人広島県教育事業団『近世山陽道跡・日向一里塚・石立炭窯跡』二〇〇三年
同『亀居城関連遺跡・亀居城跡』二〇一九年
呉市入船山記念館『館報　入船山』第七号　一九九五年
大阪市教育委員会・財団法人大阪市文化財協会「広島藩大坂蔵屋敷跡発掘調査現地説明会資料」二〇〇一年

久下　実（くげ・みのる）
一九七〇年、広島県呉市生まれ。広島県立高校教諭などを経て二〇一〇年から主任学芸員として広島県立歴史博物館に勤務し、博物館教育や日本近世史などに関わる。

シリーズ藩《はん》物《もの》語《がたり》　広島藩《ひろしまはん》

二〇二一年五月二十日　第一版第一刷発行

著者――――久下　実
発行者――――菊地泰博
発行所――――株式会社　現代書館
東京都千代田区飯田橋三―二―五　郵便番号102―0072　http://www.gendaishokan.co.jp/
電話03―3221―1321　FAX03―3262―5906　振替00120―3―83725
組版――――デザイン・編集室 エディット
装丁・基本デザイン―伊藤滋章（基本デザイン・中山銀士）
印刷――――平河工業社（本文）東光印刷所（カバー・表紙・見返し・帯）
製本――――鶴亀製本
編集――――加唐亜紀
編集協力――――黒澤　務
校正協力――――高梨恵一

 ISBN978-4-7684-7157-9

# 江戸末期の各藩

**松前**、**八戸**、七戸、黒石、**弘前**、**盛岡**、**一関**、**秋田**、亀田、本荘、秋田新田、仙台、松山、**新庄**、**庄内**、天童、長瀞、**山形**、上山、**米沢**、米沢新田、相馬、福島、**二本松**、三春、**会津**、**守山**、棚倉、平、湯長谷、泉、**村上**、黒川、三日市、**新発田**、村松、三根山、与板、**長岡**、椎谷、**高田**、糸魚川、松岡、笠間、宍戸、**水戸**、下館、結城、**古河**、下妻、府中、土浦、麻生、谷田部、牛久、大田原、黒羽、烏山、喜連川、**宇都宮・高徳**、**壬生**、吹上、**足利**、佐野、関宿、高岡、佐倉、小見川、多古、一宮、**生実**、鶴牧、久留里、大多喜、請西、飯野、佐貫、勝山、館山、岩槻、忍、岡部、**川越**、沼田、前橋、**伊勢崎**、館林、高崎、吉井、小幡、安中、七日市、飯山、須坂、**松代**、**上田**、**小諸**、岩村田、田野口、**松本**、諏訪、**高遠**、飯田、金沢、荻野山中、**小田原**、**沼津**、小島、田中、掛川、**相良**、横須賀、浜松、富山、加賀、**大聖寺**、郡上、高富、苗木、岩村、加納、大垣、高須、今尾、犬山、挙母、岡崎、西大平、西尾、**三河吉田**、**田原**、大垣新田、尾張、**刈谷**、西端、長島、**桑名**、神戸、菰野、亀山、津、久居、鳥羽、宮川、彦根、大溝、山上、西大路、三上、膳所、水口、丸岡、勝山、大野、**福井**、鯖江、敦賀、小浜、**淀**、新宮、田辺、紀州、峯山、宮津、田辺、綾部、山家、園部、亀山、福知山、柳生、柳本、芝村、郡山、小泉、櫛羅、高取、高槻、麻田、丹南、狭山、岸和田、伯太、豊岡、出石、柏原、篠山、尼崎、三田、三草、明石、小野、姫路、林田、安志、龍野、山崎、三日月、赤穂、鳥取、若桜、鹿野、**津山**、勝山、新見、岡山、庭瀬、足守、岡田、岡山新田、浅尾、松山、鴨方、福山、**広島**、広島新田、高松、丸亀、多度津、西条、小松、今治、松山、**大洲・新谷**、**伊予吉田**、**宇和島**、徳島、**土佐**、土佐新田、**松江**、広瀬、母里、浜田、津和野、岩国、徳山、長州、長府、清末、小倉、小倉新田、**福岡**、**秋月**、**久留米**、柳河、**三池**、蓮池、唐津、**佐賀**、**小城**、鹿島、大村、島原、平戸、平戸新田、**中津**、杵築、日出、**府内**、臼杵、**佐伯**、森、**岡**、熊本、熊本新田、宇土、人吉、延岡、高鍋、佐土原、飫肥、薩摩、対馬、五島（各藩名は版籍奉還時を基準とし、藩主家名ではなく、地名で統一した）

**★太字は既刊**

シリーズ藩物語・別巻『白河藩』（植村美洋著、一六〇〇円＋税）

シリーズ藩物語・別冊『それぞれの戊辰戦争』（佐藤竜一著、一六〇〇円＋税）

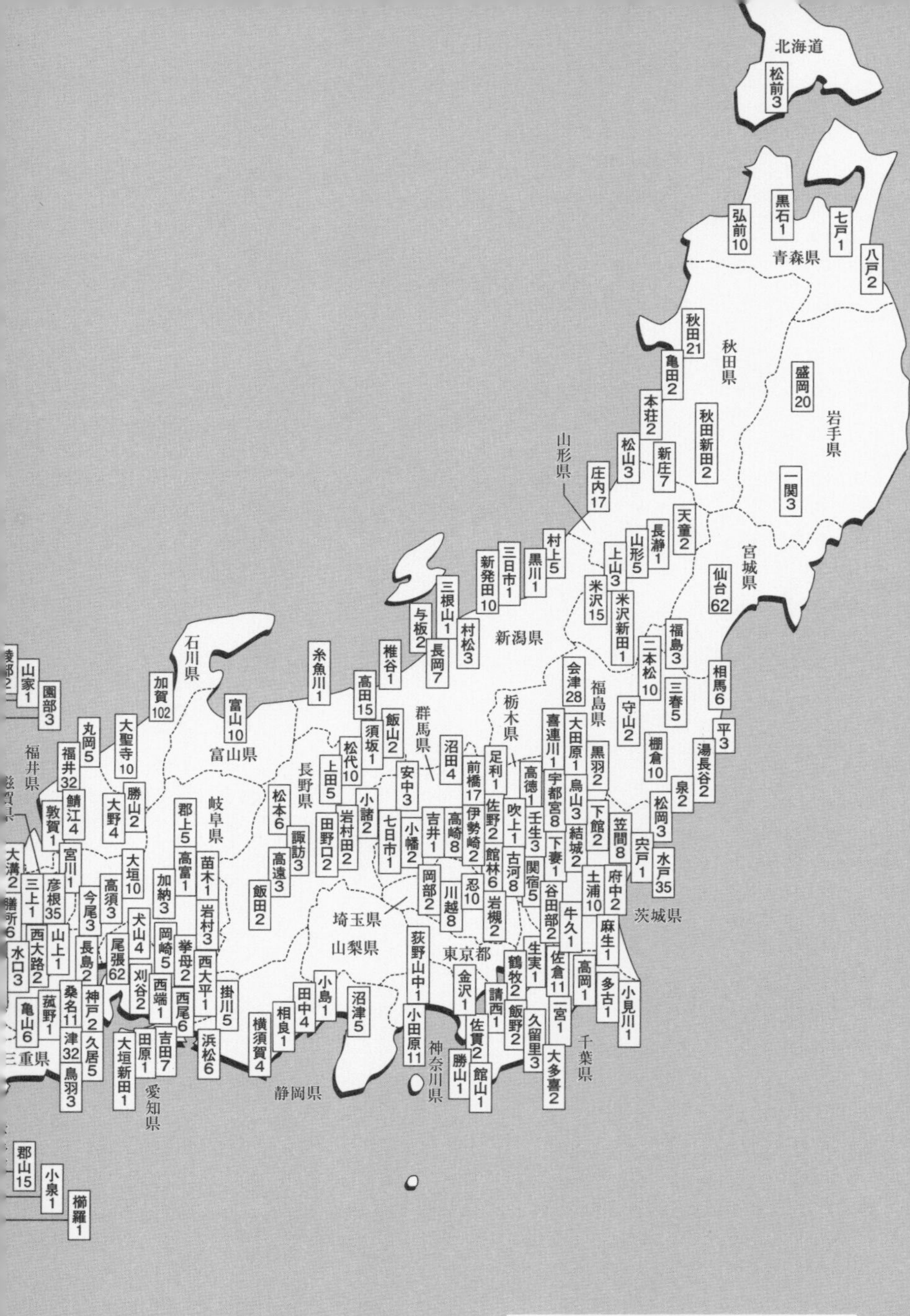


**江戸末期の各藩**
（数字は万石。万石以下は四捨五入）